# Web-Programmierung mit Node

## Webapps mit Express und Pug

Jörg Krause

# Web-Programmierung mit Node

## Webapps mit Express und Pug

Jörg Krause

ISBN 978-1539411604

Leanpub

Dies ist ein Leanpub-Buch. Leanpub bietet Autoren und Verlagen, mit Hilfe von Lean-Publishing, neue Möglichkeiten des Publizierens. Lean Publishing bedeutet die wiederholte Veröffentlichung neuer Beta-Versionen eines eBooks unter der Zuhilfenahme schlanker Werkzeuge. Das Feedback der Erstleser hilft dem Autor bei der Finalisierung und der anschließenden Vermarktung des Buches. Lean Publishing unterstützt den Autor darin ein Buch zu schreiben, das auch gelesen wird.

# Ebenfalls von Jörg Krause

ASP.NET Core 1.0 mit Entity Framework Core 1.0

Einführung in JavaScript 5

Einführung in node.js

Reguläre Ausdrücke

SharePoint Hands On Lab 121

express - Middleware für node.js

Grundlagen für Web-Entwickler

PHP 5.6

Bootstrap 3

Bootstrap 4

Einführung in TypeScript 2.0

Pug - Die Template-Engine für node.js

*Dieses Bändchen ist für alle gedacht, die sich durch die ersten Schritte der Softwareentwicklung kämpfen oder ihr Wissen auf den aktuellen Stand bringen möchten.*

*Die Zukunft der Softwareentwicklung liegt im Web, in der Cloud, oder wo auch immer. In jedem Fall nicht auf einem isolierten, lokalen System. Dieses Bändchen ist Teil einer Serie von Titeln, die dabei helfen sollen, sich den Herausforderung der Webentwicklung zu stellen. Die Themen sind nicht zwingend brandneu, sondern eher zur Bildung einer thematischen Einheit gedacht.*

*Alle Bändchen sind ganz oder in Ausschnitten auch auf meinem Blog unter www.joergkrause.de zu finden und sind gedruckt, als E-Book (EPUB und Kindle) oder online als PDF und HTML verfügbar. Begleitende Kurse zum Thema sind bei www.IT-Visions.de buchbar.*

# Inhaltsverzeichnis

# Einleitung

Node.js ist eine auf JavaScript basierende serverseitige Programmierumgebung für die Applikationsentwicklung. Schwerpunkt sind meist Webapplikationen, allerdings ist Node keineswegs darauf begrenzt. Zusammen mit der Paketverwaltung Node Package Manager (npm) entstand eine leistungsfähige Umgebung zur plattformunabhängigen Programmierung.

Dieses Werk zeigt die Bausteine, die Sie benötigen, um eine Web-Applikation mit Node zu erstellen. Dazu gehört neben Node selbst das Middleware-Framework Express und die Vorlagensprache Pug (ehemals JADE).

Dieses Werk geht auf Node in seiner elementarsten Form ein, zeigt die Programmierung einer einfachen Applikationstruktur für eine Webanwendung und stellt die wichtigsten Node-Module vor, angelehnt an die offizielle Dokumentation. Im selben Stil wird Express und Pug gezeigt, damit der Leser einen schnellen Überblick über die Grundlagen und Möglichkeiten bekommt. Der Teil der Anwendung, der clientseitig erforderlich ist, findet dagegen keine Beachtung. In den gezeigten Beispielen wird nur HTML benutzt.

## Vorwort

Node.js ist eines der faszinierenden Softwareentwicklungen der vergangenen Jahre. Derzeit ist Node mit der Version v6.x bereits recht reif. Es gibt allerdings zwei Zweige, einer mit der Version 4.x, einer mit 6.x. Der 4er-Zweig ist langfristig stabil und eignet sich für große Projekte mit langer Laufzeit. Diese Version wird auch als "LTS" für Long Term Support bezeichnet. Der 6er-Zweig ist stets aktuell und häufigen Änderungen unterworfen, oft im Wochenrythmus.

Statt immer wieder neuer Versuche, mit noch einer Programmiersprache die Umsetzung von Webprojekten zu vereinfachen, setzt Node auf JavaScript. Innerhalb und außerhalb des Browsers kann nun erstmals mit derselben Sprache gearbeitet werden. Basis ist die V8-Engine von Google, die den JavaScript-Kern aus Chrome vom Browser trennt. Verfügbar ist Node.js auf Linux, MacOS und Windows und erfüllt damit ein weiteres Versprechen – die Programmierung unabhängig von einer bestimmten Plattform.

Der Erfolg von JavaScript als "der" Programmiersprache des Webs ist Entwicklern der klassischen Windows-Welt manchmal schwer erklärlich. Sieht man Bilder der Jünger der Startup-Szenen mit ihren MacBooks und der in Dokumentationen und Präsentationen vorherrschenden Abbildung von Linux-Screenshots erscheint es erstaunlich, wie weit sich die Szene von Microsoft verabschiedet hat. Und das, obwohl mit ASP.NET MVC und Visual Studio ein vollständiger Stack zur Entwicklung bereitsteht, der vor allem im Backend punktet.

## Dieses Werk

Alle Codes sind außerdem zum schnellen Testen und Ausprobieren online via Github verfügbar.

Der gesamte Text enthält auch sehr viele Teile die originalen Dokumentationen, teilweise umfassend erweitert. Im Gegensatz zu anderen Werken, die nur auf die Webseiten der Anbieter verweisen, soll damit zum einen eine deutsche Beschreibung bereitstehen, zum anderen aber auch das mühevolle Zusammensuchen von diversen Seiten an einer Stelle konzentriert werden.

Das Werk nutzt eine bestimmte Kombination aus Versionen der benutzten Bausteine. Wird eine neue Kombination aktuell, wird es komplett aktualisiert. So wird sichergestellt, dass die Beispiele immer funktionieren und es keine Kompatibilitätsprobleme gibt.

## Die Zielgruppe

Wer sollte dieses Werk lesen? Dieses Werk wendet sich an Leser, die aktiv verteilte webbasierte Applikationen entwickeln, mit Webseiten oder Webdiensten arbeiten, unabhängig von der verwendeten Plattform.

Das Buch führt schnell, direkt und kompakt in das Thema JavaScript und Node ein. Die Lernkurve ist steil und die Menge des vermittelten Wissens enorm. Sie sollten in der Lage sein, parallel andere Quellen zurate zu ziehen oder wenigstens im Zugriff haben.

Um den besten Nutzen aus dem Buch ziehen zu können, sollten Sie:

- ein Softwareentwickler, -architekt oder -designer sein, der aktiv Anwendungen entwirft,
- mit JavaScript vertraut sein und problemlos mit objektorientierter Programmierung arbeiten können,
- ein prinzipielles Verständnis für Webdienste und Webanwendungen,
- eine Entwicklungsumgebung wie Visual Studio oder Sublime kennen und beherrschen, einschließlich elementarer Fertigkeiten beim Debuggen, Verteilen und Installieren von Applikationen, und
- in der Lage sein, grundsätzliche Installationen unter Ihrem Betriebssystem vornehmen zu können. Dies umfasst **die Fähigkeit Programme mit Administrator- bzw. Root-Rechten zu installieren.**

Sehr hilfreich sind immer typische Entwicklerkenntnisse der Web-Welt:

- HTML und CSS
- Protokolle wie HTTP, SMTP, TCP, IP usw.
- Programmiergrundlagen wie SQL und reguläre Ausdrücke

Mit diesen Voraussetzungen werden Sie optimalen und unmittelbaren Nutzen aus dem Buch ziehen. Wenn Sie hier Defizite haben, sollten Online-Quellen oder andere Bücher zumindest in Reichweite sein.

# Anmerkungen

Dieses Buch entstand neben der laufenden Arbeit und parallel zu Kundenprojekten. Wie jedes Werk dieser Art fehlt es vor allem an Zeit, die Dinge so genau und umfassend zu recherchieren und zu testen, dass es letztlich perfekt wird. Es gibt vermutlich ebenso wenig perfekte Bücher, wie es perfekte Software gibt. Es gibt aber gute Software, und wir hoffen sehr, ein gutes und praktisches Buch geschrieben zu haben.

Sollte es dennoch Anlass zur Kritik, Wünsche oder Hinweise geben, schreiben Sie uns bitte eine E-Mail an *joerg@krause.de*, damit ich dies bei künftigen Auflagen berücksichtigen kann.

Bitte haben Sie Verständnis dafür, dass im Fall von Fragen zur Umsetzung von Projekten, allgemeinen Problemen bei der Installation, Nutzung und Verteilung, bei Schwierigkeiten mit Editoren und damit einhergehenden Fragen die beste und schnellste Hilfe in den einschlägigen Foren zu finden ist. Ich kann hier beim besten Willen keine Unterstützung bieten, da die Zahl der Fragen regelmäßig jeden verfügbaren Zeitraum füllen würde.

## Konventionen

In diesem Werk werden einige Darstellung benutzt, die Struktur geben und die Lesbarkeit erleichtern.

## Tipp

Das ist ein Tipp.

## Warnung

Das ist eine Warnung.

## Information

Das ist eine ergänzende (aber nicht so wichtige) Information.

Dieses Buch enthält keine Fragen und Übungen. Es ist ein Nachschlage- und Informationswerk. Lernen kann man programmieren am Besten am konkreten Projekt, nicht mit abstrakten Idealbeispielen. Die Informationen dienen als Grundlage für eigene Versuche und als Muster, nicht als "Nachklick-Anleitung".

## Werkzeuge

Softwareentwicklung ist eine Mischung aus Kunst und Handwerk. Gemäß dem Spruch "Kunst kommt von Können" und der bekannten Weißheit, dass ein Handwerker im Wesentlichen an der Qualität seiner Werkzeuge bemessen wird, kommt der Auswahl der Tools eine besondere Bedeutung zu. Schaut man sich bei den Profis der Zunft an, was auf dem Bildschirm passiert, so wird schnell deutlich, dass die Zeit der grafischen Oberflächen und komplexen Designer vorbei zu sein scheint. Auch Visual Studio ist bereits geraume Zeit nicht mehr so "visual" wie es am Anfang mal war.

Der Vorteil dieser Vorgehensweise ist ein hohes Maß an Kontrolle über den Quellcode und des Ergebnis. Der Nachteil ist eine erhebliche Lernkurve am Anfang. Die Geschwindigkeit und Präzision bei der Entwicklung ist die Mühe aber wert. Die Auswahl der Werkzeuge beschränkt sich deshalb mehr auf einen geeigneten Texteditor.

Zur Auswahl stehen einfache Editoren wie Notepad++ oder Sublime. Will man auch aus dem Editor heraus debuggen ist Visual Studio Community Edition das große Schiff, das .NET-Entwickler natürlich kennen. Vorteil ist die Projektverwaltung und die vielen Editorfunktionen für alle Arten von Code-Varianten, einschließlich Markdown, LESS und auch JADE (dazu später mehr). Als weiterer Editor für alle Plattformen kommt Visual Studio Code in Frage.

## Codes

Die Codes zum Buch und weitere Beispiele finden Sie auf GitHub:

- *https://github.com/joergkrause/NodeJs-Book*

# Über den Autor

Jörg arbeitet als Trainer, Berater und Software-entwickler für große Unternehmen weltweit. Bauen Sie auf die Erfahrung aus 25 Jahren Arbeit mit Web-Umgebungen und vielen, vielen großen und kleinen Projekten.

Jörg sind vor allem solide Grundlagen wichtig. Statt immer dem neuesten Framework hinterher zu rennen wären viele Entwickler besser beraten, sich eine robuste Grundlage zu schaffen. Wer dies kompakt und schnell lernen will ist hier richtig. Auf seiner Website www.joergkrause.de sind viele weitere Informationen zu finden.

Jörg hat über 40 Titel bei renommierten Fachverlagen in Deutsch und Englisch verfasst, darunter einige Bestseller.

## Kontakt zum Autor

Neben der Website können Sie auch direkten Kontakt über www.IT-Visions.de aufnehmen. Wenn Sie für Ihr Unternehmen eine professionelle Beratung zu Web-Themen oder eine Weiterbildungsveranstaltung für Softwareentwickler planen, kontaktieren Sie Jörg über seine Website[1] oder buchen Sie direkt über http://www.IT-Visions.de.

www.IT-Visions.de®
Dr. Holger Schwichtenberg

---

[1]http://www.joergkrause.de

# 1. Installationsprobleme

Alle Anleitungen, die Sie im Internet zu Node, NPM und weiteren Modulen finden, setzen eines voraus: transparenter Internet-Zugriff. Was auf den ersten Blick kaum eine Erwähnung wert ist, stellt für viele Benutzer in der Tat ein Problem dar. Nicht mangels Internet, sondern durch die Beschränkungen in Unternehmensnetzwerken.

## 1.1 Node.Js

Node selbst steht als Installationspaket zur Verfügung ist auch ohne Internet installierbar. Da hier NPM mit enthalten ist, geht das auch sehr gut offline. Alle weiteren Bausteine der Applikation, wie Express und Pug, werden über *npm* installiert.

## 1.2 Probleme mit NPM

*npm* kann möglicherweise nicht so auf das Internet zugreifen, wie Sie es erwarten. Das kann an lokalen Proxy-Servern liegen oder fehlender SSL-Unterstützung.

### Proxy

Sie können *npm* anweisen, einen Proxy-Server zu benutzen:

```
1  npm config set proxy http://proxy.company.com:8080 -g
2  npm config set https-proxy http://proxy.company.com:8080 -g
```

Die Option *-g* stellt die Änderungen global ein. Ansonsten gilt es nur für das aktuelle Projekt und Sie müssen sich in einem Ordner befinden, wo eine Datei *.npmrc* existiert. Ist diese nicht vorhanden, wird sie angelegt, was unter Umständen sinnlos ist, wenn Sie später weitere *npm*-Kommandos dort nicht ausführen.

Falls ein Benutzernamen und Kennwort erforderlich ist, sieht das folgendermaßen aus:

```
npm config set proxy http://domain%5Cuser:pass@host:port
```

Sonderzeichen müssen hier URL-Encoded werden:

- ” -> %22
- @ -> %40
- : -> %3A
- \ -> %5C

## SSL

Standardmäßig ist der Zugriff auf das Repository geschützt. Umgehen Sie das wie folgt:

```
npm config set strict-ssl false
npm config set registry "http://registry.npmjs.org/"
```

Unter Umständen kann die Kombination mit dem Installationsvorgang helfen:

```
npm --proxy http://<user>:<pwd>@<proxy>:<port>
    --without-ssl
    --insecure
    -g install <paketname>
```

# 1.3 Probleme mit Git

Git wird benötigt, wenn Sie Pakete via *Bower* oder über direkte Verbindungen von Github abholen. Dabei gibt es zwei Hürden in Unternehmensnetzwerken:

- Ein lokaler Proxy wird benutzt
- Das Protokoll *git://* wird blockiert (das ist ein Moniker für einen speziellen Port)

Viele Administratoren sind der Meinung, das HTTP und Port 80 ausreichen. Wir Entwickler wollen aber mehr. Also muss Git entsprechend konfiguriert werden.

Die lokale Git-Installation erhalten Sie unter Linux wie folgt:

```
$ sudo apt-get install git
```

Unter Windows sollten Sie einen Installer benutzen, der auch eine Shell mitbringt, die einen Teil der Funktionen der *nix-Umgebung enthält. Man muss dann nicht so oft gedanklich umschalten und kann die meisten Linux-Befehle unverändert ausführen.

Hier finden Sie das passende Paket: *https://git-scm.com/download/win*

Stellen Sie die Optionen wie auf den folgenden Bildschirmbildern gezeigt ein.

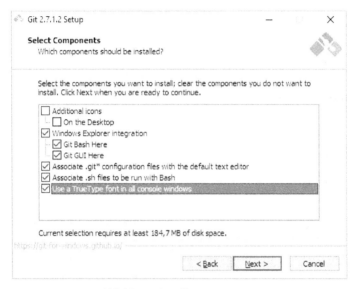

Abbildung: Installationoptionen

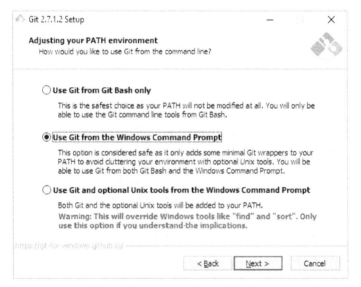

Abbildung: Startoptionen

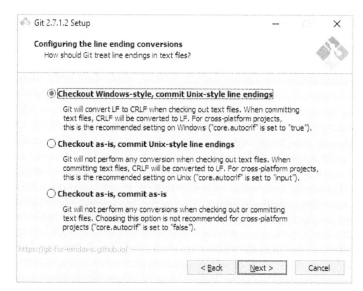

**Abbildung: Verhalten der Zeilenumbruchszeichen**

Lassen Sie alle anderen Optionen unverändert.

Die Installation für Windows umfassend *keine* grafische Oberfläche. Diese muss separat besorgt werden. Auf lange Sicht sind die Kommandzeilenbefehle aber der bessere, weil schnellere Weg.

## Proxy

Um einen Proxy zu nutzen, geben Sie folgendes Kommando ein (in einer Zeile):

```
git config
    --global
    http.proxy
    http://<proxyuser>:<proxypwd>@<proxy.server.com>:<port>
```

Ersetzen Sie die Platzhalten durch die passenden Werte. *<proxyuser>* und *<proxypwd>* sind nur notwendig, wenn der Proxy eine Authentifizierung erfordert. Die anderen Platzhalter bezeichnen den Proxy.

### Git-Protokoll

Mit dem folgenden Kommando (wieder in einer Zeile) wird auf
*https* umgeschaltet:

```
1   git config
2       --global
3       url."https://<username>@".insteadOf git://
```

Der Platzhalter *<username>* bezeichnet ein privates Repository
in Git. Die Anführungszeichen schützen den Namen im Fall von
Leerzeichen.

Sie können für den globalen Zugriff den Wert komplett weglassen
und stattdessen Github einsetzen:

```
1   git config
2       --global
3       url.https://github.com/.insteadOf git://
```

# 1.4 Offline Installation

Wenn auch die Angabe eines Proxies nicht ausreichend ist, bleibt
nur der Offline-Zugriff. Der klassische Weg dabei besteht im Herunterladen eines Installationspakets und der lokalen Installation. Für
Windows-Benutzer sind dies MSI-Pakete, für Linux-Benutzer geht
es in der Regel über DEB-Pakete (Debian, Unbuntu, Mint usw.) oder
RPM-Pakete (Suse, Fedora, RedHat usw).

NPM-Paket dagegen sind keine solche Paketsammlungen, sondern
lediglich Anweisungen über Quelle und Abhängigkeiten. Bei der
Installation werden die spezifizierten Fragmente aus dem Internet
heruntergeladen.

# Vorbereitung

Grundsätzlich lässt sich die Abhängigkeit einer Internet-Verbindung nicht ganz vvermeiden. Aber es reicht aus, eine "andere" Maschine mit Internet-Zugang zu haben. Sie können einen Umweg nutzen. Das geht für eine einzelnes Paket ohnehin, aber viele Pakete haben Dutzende bis Hunderte Abhängigkeiten, manchmal über mehrere Stufen. Hier ist es sinnvoll, etwas Automatik zu haben.

Die Lösung ist das Paket *npmbox*. Es besteht aus zwei Kommandozeilenwerkzeugen, *npmbox* zum Herunterladen und Verpacken und *npmunbox* zum Auspacken. Wenn Sie kurzzeitigen Zugang zum Internet auf der Zielmaschine erhalten können, installieren Sie *npmbox* dort ebenfalls. Es vereinfacht den Umgang erheblich. Geht auch das nicht, finden Sie weiter unten eine Anleitung für *Härtefälle*.

Zuerst installieren Sie *npmbox* auf der Quellmaschine mit Internet-Zugang:

```
npm install npmbox -g
```

Um zu prüfen, dass das geklappt hat, geben Sie folgendes Kommando ein:

```
npmbox --help
```

Sie erhalten eine Kurzanleitung eines in der Tat sehr einfachen Werkzeugs.

# Härtefälle

Damit Sie auf der Zielmaschine auf *npmbox* zugreifen können, müssen Sie dieses Paket selbst paketieren. Das ist eine Art rekursive Vorgehensweise – *npmbox* verpackt sich selbst:

```
npmbox npmbox
```

Das Ergebnis ist eine Datei mit der Dateierweiterung *.npmbox*.

Kopieren Sie die Datei auf die Zielmaschine. Das Paket ist ein soge-
nannter Tarball. *npm* kann mit Tar direkt umgehen und benötigt in
der Regel keine weitere Software. Wenn Sie aber vorher etwas mit
*npmbox* verpackt haben, benötigen Sie *npmunbox* zum Auspacken.

**Zugriff auf Tar**

## Tarball

Tar ist eine Archivsoftware. Der Name stammt von
"Tape Archive" (Archivierung auf Bandlaufwerk). Um
Daten auf Bändern zu speichern, hat man viele kleine
Dateien zu einer großen Datei zusammengefasst. Im
Gegensatz zu ZIP ist TAR eine reine Kombinations-
methode, die Dateien werden dabei nicht komprimiert.
Das Format erhält die ursprünglichen Meta-Daten der
Dateien wie Rechte und Link-Informationen. Sie fin-
den mehr dazu auf Wikipedia:

*https://en.wikipedia.org/wiki/Tar_(computing)*

Unter Linux ist *tar* ein Standardwerkzeug, das immer zur Vefügung
steht:

```
tar -xvf yourfile.tar
```

Unter Windows gibt es mehrere Optionen. Zu den Standardum-
gebungen, die in Node-Installationen benutzt werden, gehört auch
Git. Git ist, wie anfangs beschrieben, auch als MSI verfügbar.
Dieser Installer kommt mit einer rudimentären BASH-Shell. Die
kann zwar nicht alles wie unter Linux, aber sie kann *tar*. Öffnen
Sie die Bash-Shell unter Windows und nutzen Sie dann dasselbe
Kommando:

```
$tar -xvf yourfile.tar
```

Abbildung: Bash mit tar-Kommando unter Windows

Wenn das nicht passt, eignen sich auch die bekannten Archivpro-gramme wie 7-Zip.

## NpmBox installieren

Nachdem das Kommando ausgeführt wurde, sind alle Dateien in einem Ordner *.npmbox-cache.*

 Wenn Sie mehrere Pakete entpacken, werden diese alle in denselben Ordner kopiert. Das ist durchaus in Ordnung, weil es ja durch Abhängigkeiten Wieder-holungen geben kann.

Nun ist wieder *npm* an der Reihe (in einer Zeile):

```
1  npm install --global
2              --cache ./.npmbox-cache
3              --optional
4              --cache-min 999999
5              --fetch-retries 0
6              --fetch-retry-factor 0
7              --fetch-retry-mintimeout 1
8              --fetch-retry-maxtimeout 2
9              npmbox
```

### \ oder /

Unter Linux nutzen Sie bei Pfadangaben wie immer
/. Unter Windows natürlich \. Wenn Sie aber die
Git-Bash unter Windows benutzen, dann geht auch
hier . Unter Windows 10 geht bei *cmd.exe* auch /,
aber mit einigen Problemen, wie einer nicht mehr
funktionierenden TAB-Taste.

Die letzte Zeile enthält das eigentliche Paket. Die Option `--cache`
sorgt dafür, das *npm* nicht auf das Repository, sondern auf den
lokalen Ordner zugreift. Oft reicht eine Kurzversion:

```
npm i -cache ./.npmbox-cache
```

## Pakete installieren

Nun ist dieses umständliche *npm*-Kommando nicht das, was Sie als
Entwickler häufiger eintippen wollen. Deshalb gibt es *npmunbox*.
Dies ist ein weiteres Kommandzeilenwerkzeug, das den Auspack-
vorgang vereinfacht.

```
npmunbox <paketname>
```

Als Paketname <paketname> nutzen Sie den Namen, der auch beim
verpacken eingesetzt wurde.

Wenn es Probleme gibt, stimmt oft die *npmbox*-
Version auf Quell- und Zielmaschine nicht überein.
Prüfen Sie das sorgfältig, bevor Sie weiter machen.

*npmunbox* hat ein paar mehr Optionen, da hier ein Teil des Verhal-
tens von *npm* simuliert werden muss:

- -v, -verbose: Zeige *npm*-Ausgaben (Standard).
- -s, -silent: Zusätzliche Ausgaben werden unterdrückt.

- -g, -global: Pakete global installieren (im Pfad, nicht im Projektordner)..
- -C, -prefix: Der Schalter npm --prefix gibt das Standardverzeichnis aus.
- -S, -save: Der Schalter npm --save speichert in der *package.json* in *dependencies*.
- -D, -save-dev: Der Schalter npm --save-dev speichert in der *package.json* in *devDependencies*.
- -O, -save-optional: Der Schalter npm --save-optional speichert in der *package.json* in *optionalDependencies*.
- -E, -save-exact: Der Schalter npm --save-exact führt dazu, das Versionen im SemVer-Format mit der exakten Nummer platziert werden.

# 2. Die Bausteine einer Applikation

MEAN steht für MongoDb, Express, AngularJS und Node. Node ist die Grundlage des Stacks. Express liefert einen bequemen Zugang zu HTTP. AngularJS bedient den Client mit Hilfe eines MVC-Patterns (Model View Controller). MongoDB ist eine dokumentorientierte NoSQL-Datenbank, die direkt mit JSON-Daten umgehen kann. Alles zusammen bildet eine komplette server- und clientseitige Umgebung auf Basis von JavaScript ab. Freilich gehört in der Praxis noch etwas mehr dazu:

- HTML als Grundlage
- CSS, am besten im Verbund mit einem Präprozessor wie LESS und einem CSS-Framework wie Bootstrap
- Ein Designtemplate als Basis für komplexere Steuerelemente (meist ein Bootstrap-Theme)
- Erweiterungsbibliotheken für den Server (via **npm**) und den Client (via **Bower**)

## 2.1 Der Paketmanager

In der JavaScript-Welt haben sich mehrere Paketmanager entwickelt. Aber warum überhaupt solche zusätzlichen Werkzeuge? Wikipedia hat dazu folgende Antwort:

> *Eine Softwarepaket-Verwaltung (englisch: package management software) ermöglicht die komfortable Verwaltung von Software, die in Programmpaketform vorliegt, auf einem Betriebssystem. Dazu gehören das Installieren, Aktualisieren und Deinstallieren.*

Eine Paketverwaltung besteht immer aus einem Repository und einem Client. In einige Fällen ist das Repository nur Quelle der Beschreibung, nicht der Inhalte. Eingesetzt wird in der JavaScript-Welt:

- **npm**, das ist der Node Package Manager. Er kommt automatisch mit, wenn Node installiert wird. Alle serverseitige Pakete werden über Npm abgerufen und installiert. Npm kann auch weitere Werkzeuge liefern. Npm dient auch dazu, den Paketmanager für die Clientpakete zu installieren, Bower:
- **Bower** verwaltet clientseitige Frameworks und Bibliotheken. Bower verwaltet selbst keine Daten, sondern nur Beschreibungen. Die Pakete selbst werden über **Git** aus **GitHub** abgerufen. So ist sichergestellt, dass immer die aktuellsten Versionen beschafft werden können und die Entwickler der Bibliotheken sich nicht um die Verteilung auf diverse Repositories kümmern müssen.

 **Windows-Repositories       für Client-Bibliotheken**

Git bringt eine einfache GUI und Kommandzeilenwerkzeuge mit. Wer lieber mit Powershell arbeitet, sollte sich **Chocolatey** anschauen. Dieses Projekt bringt die JavaScript-Welt mit der Windows-Welt zusammen. Hier wird mit den Original-Werkzeugen gearbeitet, da dies transparenter und direkter ist. Chocolatey vereinfacht einiges, verdeckt aber auch die Zusammenhänge, was beim Erlernen eher hinderlich ist.

## 2.2 Bibliotheken und Frameworks

Bibliotheken stellen einen Satz elementarer Funktionen bereit. jQuery beispielsweise erlaubt die Manipulation von DOM-Elementen.

Frameworks stellen dagegen eine Satz von Funktionen und eine bestimmte Vorgehensweise, ein Pattern, für komplette Applikationen bereit. AngularJS realisiert clientseitig das MVC-Pattern und stellt bidirektionale Datenbindung bereit (neben vielen anderen Funktionen). Sicherlich gibt es Schnittmengen zwischen beiden und oft ist die Abgrenzung nicht so klar, aber es macht es einfacher eine Auswahl zu treffen. Mehrere (viele) Bibliotheken koexistieren oft, während man sich bei den Frameworks für eines entscheiden sollte. Im Auge behalten sollten wir auch, dass eine Web-Anwendung zweigeteilt ist – in Client und Server. Es wird also erforderlich sein, einen Satz Bibliotheken und ein (!) Framework für den Client zu finden und auf dem Server noch einmal.

## Basisbibliotheken des Servers

In dieser Buchreihe wird eine Form des MEAN-Stacks präsentiert. MEAN steht für:

- MongoDB / MySQL
- Express
- AngularJS
- Node

Das ist plakativ, aber natürlich nur die halbe Wahrheit. Abgewandelt auch deshalb, weil die Wahl der Datenbank oft nicht primär ist und die anderen Bausteine nicht ausreichend sind, um den gesamten Web-Stack abzubilden. Betrachtet werden hier für den Server:

- Als serverseitiges Routing-Framework und Middleware wird **Express** eingesetzt. Es liefert die Routing-Funktionen und ist ein leistungsfähiges Applikationsrahmenwerk.
- Als Template-Bibliothek kommt **JADE** zum Einsatz, was anstatt Razor die Erstellung der HTML-Formulare übernimmt, soweit sich dies auf dem Server abspielt.

## Clientseitige Bibliotheken

Damit können wir Webseiten ausliefern und Dienste bereitstellen. Bleibt die clientseitige Unterstützung:

- **AngularJS** als das umfassende Framework für die Strukturierung der Seiten
- **Bootstrap** als Gestaltungsrahmenwerk
- **jQuery** als implizit von Bootstrap benutzte Bibliothek zum Zugriff auf das Document Object Model (DOM) des Browsers

All dies würde man in der ASP.NET-Welt auch benutzen, hier bietet .NET keinen direkten Zugang, weil sich der Client nur über JavaScript bedienen lässt.

## Unit-Tests

JavaScript als unterliegende Sprache ist vergleichsweise schwach. Auch mit dem Umweg über TypeScript oder den neuen Funktionen in ES 6 wird nicht die Tiefe und Genauigkeit der Codeüberwachung einer Compilersprache wie Java oder C# erreicht. Unit-Tests kommt deshalb eine noch größere Bedeutung zu.

> Zu Unit-Tests in JavaScript und speziell für Node gibt es einen weiteren Band dieser Reihe.

# 2.3 Prinzipien

Die Art und Weise, wie in der Vergangenheit Webanwendungen entwickelt wurden, hat sich in den letzten Jahren grundlegend gewandelt. Dynamische Elemente im Browser sind normal und das Ablaufen kompletter Applikationen in JavaScript wird häufig eingesetzt. Der Browser wird zu einer Art Mini-Betriebssystem, das sich im Netz diverser Datenquellen bedient – den Services (Diensten) unserer Server.

## Web Apps

Web Apps werden solche Anwendungen genannt, die im Browser existieren und nur mit dem Server kommunizieren, um dynamisch Daten nachzuladen. Der Server liefert dabei zuerst die App selbst aus und unterstützt diese dann durch Dienste, beispielsweise zum Zugriff auf eine Datenbank. Der Server stellt dabei eine sogenannte API – Application Programming Interface – zur Verfügung. Meist basiert diese auf JSON.

## Websites

Die meisten Websites sind eher klassisch programmiert. Hier geht es um die Erfassbarkeit der Inhalte durch Suchmaschinen, extrem kurze Ladezeiten und einfachen Aufbau. Der Server erzeugt fertiges HTML und alle dynamischen Elemente entstehen durch das Manipulieren des HTML mittels kleiner Skripte. Formulare werden für Interaktion benutzt und die Anzeigefunktionen werden vom Server gesteuert. Websites werden dann durch JavaScript soweit unterstützt, dass Sie interaktiv erscheinen, wo es unumgänglich ist, um modern und funktional zu erscheinen.

Diese Vorgehensweise ist jedoch aus mehreren Gründen problematisch. Sie müssen zwei Code-Umgebungen getrennt voneinander halten. Zum einen die für den Browser, zum anderen die für den Server. Beide Welten sind jedoch eng verbunden – Änderungen an der einen Seite können Fehler auf der anderen Seite auslösen. Diese Verflechtung ist kritisch und kaum dauerhaft beherrschbar.

## Statusloses HTML

Wenn Web Apps keine Option sind (komplex, langsam, nicht suchmaschinentauglich) und Websites auch nicht (wartungsunfreundlich, fehlerhaftet), dann ist es Zeit über eine neue Strategie nachzudenken. Node kommt da zur rechten Zeit, denn die Trennung der Code-Umgebungen ist weitaus weniger drastisch, wenn dieselbe Programmiersprache benutzt wird. Zusätzlich sollte aber auch ein bestimmter Programmierstil benutzt werden. Dies ist sogenanntes zustandsloses HTML.

Zustandsloses HTML ist ein Stück HTML, dass immer identisch ist, unabhängig vom Zustand der Website. Egal ob der Benutzer angemeldet ist oder nicht, egal ob es Vormittag oder Nachmittag ist, egal welcher geografische Ort ermittelt wurde – das HTML der Site ist immer gleich. Damit entfällt ein signifikanter Teil des Wartungsaufwands. Teile der Seite, die benutzer- oder aktionsabhängig sind, werden nicht Teil des HTML. Sie werden wie bei einer Web App von Diensten beschafft und dynamisch erstellt. Damit ist das einfache Laden von HTML-Seiten in Node, wie in den Beispielen zuvor gezeigt, durchaus praktikabel.

Stellen Sie sich eine Seite mit Inhalten vor, über die Leser diskutieren können. Der Inhaltsteil ist für alle Benutzer gleich, auch jede Suchmaschine sieht dieselben Inhalte. Dieser Teil ist statisch und zustandsunabhängig. Das heißt nicht, dass die Artikel statisch auf der Festplatte liegen müssen. Sie können durchaus auf dem Server aus einer Datenbank geholt und zusammengebaut werden. Entscheidend ist, dass Sie keinen Parametern unterliegen. Der Teil mit dem Diskussionsforum ist dagegen vollständig dynamisch – jeder Benutzer sieht seine eigenen Beiträge anders und hat möglicherweise personalisierte Darstellungen. Dieser Teil wird anders erstellt und ausgeliefert.

Die Vorgehensweise vereinfacht nicht nur die Programmierung. Sie erhöht auch deutlich die Performance. Weniger dynamischer Anteil ist leichter zu verarbeiten – auf dem Server und auf dem Client. Ein Cache kann umfassend benutzt werden und damit den Server weiter entlasten. Auch im Fehlerfall ist das Ausliefern statischer Seiten robuster und zuverlässiger. Der Wegfall der dynamischen Funktionen ist ärgerlich, aber die Site bleibt ingesamt erhalten und suchbar. Entscheidend ist jedoch eine Verbesserung der Benutzererfahrung.

# Die Benutzererfahrung

Moderne Webapplikationen sind komplex. Es gibt eine Benutzeranmeldung, Kontoverwaltung, Warenkörbe, Beurteilungssysteme und vieles mehr. Jedes dieser Funktionen besteht aus HTML-Seiten, die die primäre Gestaltung liefern. Typische Seiten sehen folgendermaßen aus:

```
1  <!DOCTYPE html>
2  <meta charset="utf-8">
3  <title>Dateiverwaltung</title>
4
5  <link rel="stylesheet" href="style.css">
6  <script defer src="app.js"></script>
7
8  <nav>
9    <a href="/">Home</a>
10   <a href="/show">Dateien</a>
11   <a href="/upload">Upload</a>
12   <div class="account-menu">
13     <!-- Dynamischer Teil -->
14   </div>
15  </nav>
16
17  <section id="main">
18    <!-- This is where your content goes -->
19    <h1>Willkommen bei unserer Dateiverwaltung</h1>
20    Verwalten Sie Dateien online.
21  </section>
22
23  <footer>
24    Copyright &copy; 2015
25  </footer>
```

Diese Seite lädt extrem schnell und stellt Inhalte sofort dar. Dann wird das Applikationskript *app.js* geladen und erledigt einige Dinge dynamisch:

- Prüfe mittels Cookie und AJAX, ob der Benutzer angemeldet ist

- Lade das dynamische Menü für den Benutzer
- Passe statische Inhalte dynamisch an

Die ersten beiden Punkte sind offensichtlich. Der letzte ist etwas subtiler. Natürlich will niemand für viele Inhaltsseiten immer wieder dasselbe HTML erstellen. Hier könnten Sie anders vorgehen. Nutzen Sie JavaScript, um die statischen Inhalte vom Server abzurufen. Dazu werden alle Links, die Seiten laden und dasselbe Layout nutzen, per JavaScript abgefangen und die Seite wird vom Server geladen. Der Inhalt wird extrahiert, und zwar der Teil, der in dem Inhaltsabschnitt `<section id="main">` steht. Dieser Teil wird dann ausgetauscht. Der Vorteil besteht darin, dass das statische HTML unverändert ist – es ist nicht abhängig von einer Situation. Damit verliert die Anwendung an Komplexität. Trotzdem hat der Benutzer das weiche Ladeverhalten einer AJAX-getriebenen Applikation. Wenn Sie jetzt noch die History im Browser der Seite anpassen, ist es fast perfekt (mit der API des Browsers).

## 2.4 Zusammenfassung

Bei der Gestaltung und Strukturierung einer Node-Applikation müssen Sie vorher wissen, was Sie bauen – eine Web App oder eine Website.

Bei einer Web App setzen Sie auf clientseitige Frameworks wie AngularJS. Node liefert die App als Sammlung aus einer HTML-Seite und einiges JavaScript-Dateien. Eine Vielzahl von Unterstützungsdiensten erlaubt es der App, mit dem Server zu kommunizieren.

Bei einer Website ist es besser, lediglich jQuery zu benutzen und mit etwas smartem JavaScript dynamisch Elemente hinzuzufügen. Node liefert statische HTML-Seiten und einige Unterstützungsdienste.

# 3. Einführung in Node

Node.js ist eine Open-Source-Plattform, die zur serverseitigen Ausführung von JavaScript genutzt wird. Den Kern von Node.js bildet die in C/C++ geschriebene und daher schnelle Javascript-Implementierung V8, welche den JavaScript-Code vor der Ausführung in nativen Maschinencode kompiliert.

Zudem umfasst Node.js integrierte Module, z.B. das HTTP-Modul, um einen Webserver zu hosten. Weitere Module können mit dem "von Haus aus" mitgelieferten Paketmanager **npm** installiert werden.

Die asynchrone Architektur von JavaScript ermöglicht eine parallele Verarbeitung von – beispielsweise – Client-Verbindungen oder Datenbankzugriffen.

Mit Node.js (kurz: Node) lassen sich hochperformante Netzwerk- und speziell Webanwendungen erstellen, die mithilfe einer WebSocket-Verbindung sogar in Echtzeit mit dem Webbrowser kommunizieren können. Da moderne Webbrowser – ebenso wie Node – JavaScript verwenden, kann Code zwischen beiden Seiten geteilt und teilweise gemeinsam verwendet werden. Vor allem aber gilt: Sie müssen nur noch eine Programmiersprache beherrschen, um die gesamte Webanwendung zu erstellen.

## 3.1 Elementares in JavaScript

Dieser Text unterstellt, dass Sie JavaScript halbwegs flüssig lesen können. Auch wenn dies der Fall ist, kann es sein, dass das eine oder andere Beispiel doch etwas komplexer ausfällt. Meist liegt es an Rückrufmethoden, dass der Code unübersichtlich erscheint.

Lesen Sie zuerst aufmerksam folgendes Beispiel:

```
1  function action(v) {
2    console.log(v);
3  }
4
5  function execute(value, callback) {
6    callback(value);
7  }
8
9  execute("Hallo Node", action);
```

Hier wird eine Funktion vereinbart (Zeile 1), die später (Zeile
9) als Rückruffunktion der eigentlichen Arbeitsfunktion (Zeile 5)
benutzt wird. Dadurch können Funktionen quasi Ausführoptionen
vereinbart werden. Dies wird sehr oft in Node benutzt, z.B. beim
Auswerten einer Anfrage, wo der Rückruf erfolgt, wenn die Anfrage
empfangen wurde und die Methode Parameter hat, über die die
Anfragewerte erreichbar sind.

Da JavaScript immer nur einen Thread hat – das ist anders als in
anderen Programmiersprachen – ist die Nutzung asynchroner Vorgänge enorm wichtig. Ansonsten könnte ein Aufruf alle folgenden
blockieren. Asynchronität wird beherrschbar durch die Nutzung
von Rückruffunktionen.

# 3.2 Installation und Konfiguration

Dieser Abschnitt zeigt die grundlegende Konfiguration und den
Aufbau einer ersten Node-Umgebung. Das schließt die Nutzung des
Paketmanagers mit ein.

## Konfiguration in package.json

Jede Node-Applikation enthält eine Datei mit dem Namen *packa-
ge.json*. Damit wird das Projekt konfiguriert. Die Dateierweiterung
zeigt an, dass es sich um ein Objekt im JSON-Stil handelt. JSON

steht für *JavaScript Object Notation* und kann von JavaScript besonders einfach verarbeitet werden.

Hier ist ein Beispiel, wie eine solche Datei aussehen kann:

```
1   {
2     "name": "buch-musterprojekt",
3     "version": "1.0.0",
4     "description": "Dies ist ein Projekt mit Buchbeispielen.",
5     "main": "server.js",
6     "repository": {
7       "type": "git",
8       "url": "https://github.com/joergisageek/nodejs-samples"
9     },
10    "dependencies": {
11      "express": "latest",
12      "mongoose": "latest"
13    },
14    "author": "Jörg Krause",
15    "license": "MIT",
16    "homepage": "http://www.joergkrause.de"
17  }
```

Achten Sie auf die untergeordneten Objekte, wie *dependencies* oder *repository*. Links steht jeweils der Name der Eigenschaft, rechts die Daten. Diese können wiederum Objekte sein. Das geht solange, bis skalare Typen benutzt werden, wie Zeichenkette oder Zahl.

Tatsächlich wird hier nicht alles benötigt. Die einfachste Datei könnte auch so aussehen:

```
1   {
2     "name": "buch-musterprojekt",
3     "main": "server.js"
4   }
```

Damit hat das Projekt einen Namen und es hat eine Startdatei – der Einsprungpunkt für den JavaScript-Interpreter. Bei *server.js* beginnt also die Abarbeitung des Projekts.

# 3.3 Initialisieren der Node-Applikation

Der folgende Abschnitt zeigt zuerst, wie Sie den Aufbau der Applikation auf der Kommandozeile eines Linux-Systems vornehmen. In den Testbeispielen und zum Anfertigen der Bildschirmfotos wurde Ubuntu benutzt. Es sollte aber jedes andere *nix-System einen vergleichbaren Ablauf erfordern.

Im Anschluss werden die wichtigsten Schritte für ein Windows-System und Visual Studio 2015 gezeigt.

## Vorgehensweise unter Linux

Wie bereits beschrieben startet Node die Applikation über die Anweisungen in der Datei *package.json*. Damit da nichts falsch läuft, gibt es ein **npm**-Kommando, dass diese Datei erstellt: **npm init**. Um mit einer neuen Node-Applikation zu starten, gehen Sie folgendermaßen vor:

1. Erzeugen Sie einen Ordner: `mkdir buch-projekt`
2. Wechseln Sie in diesen Ordner: `cd buch-projekt`
3. Initialisieren Sie das Projekt: `npm init`

Sie können beim ersten Mal die interaktiv abgefragten Parameter unverändert lassen. Benennen Sie nur die Startdatei um in *server.js*. Die Node-Applikation ist jetzt startbereit – auch wenn noch nicht viel sinnvolles passiert – und kann gestartet werden.

## Eine Node-Applikation starten

Grundsätzlich erfolgt der Start durch Aufruf der ausführbaren Datei **node** (Linux) bzw. **node.exe** (Windows). Das Skript läuft durch und endet sofort wieder. Das Programm ist beendet. Soll es dauerhaft laufen, muss dies in *server.js* entsprechend programmiert werden.

Sollte das Skript laufen und Sie möchten es auf der Kommandzeile beenden, nutzen Sie die Tastenkombination Ctrl-C. In der Praxis werden Sie unter Linux wie zuvor bereits beschrieben **npm** zum Start benutzen. Unter Windows mit Visual Studio ist *F5* (Debug > Start Debugging) der einfachste Weg, lokal zu starten.

## Automatischer Neustart

Bei Änderungen sollen diese möglichst einfach überprüft werden. Damit muss das Programm zuerst gestoppt und dann wieder gestart werden – ein ausgesprochen lästiger Vorgang. Das lässt sich jedoch automatisieren, indem Änderungen an einer Datei überwacht werden.

Das **npm**-Paket *nodemon* liefert diese Funktion. Installieren Sie dies zuerst global:

```
npm install -g nodemon
```

Starten Sie dann nicht mit node sondern mit nodemon:

```
nodemon server.js
```

```
node server.js
```

Alternativ kann **npm** im aktuellen Ordner benutzt werden:

```
npm start
```

Da zu diesem Zeitpunkt *server.js* nicht existiert, entsteht erstmal eine Fehlermeldung.

**'npm start' versus 'node server.js'**

Wenn ein Startskript in der Datei *package.json* vereinbart wurde, wird dies nur mit **npm start** ausgeführt. Wenn kein Startskript existiert, dann führt Node intern *node server.js* aus. Dabei ist *server.js* das hier beispielhaft verwendete Applikationsskript. Das Startskript ist sinnvoll, um Aktionen vor der Ausführung zu erledigen, beispielsweise LESS-Dateien in CSS zu übersetzen oder TypeScript in JavaScript zu transpilieren. Insofern sind Sie mit **npm start** immer auf der sicheren Seite.

## Vorgehensweise unter Windows

Dieser Abschnitt setzt voraus, dass Sie Visual Studio 2015 installiert haben. Die meisten Funktionen für Node und die Zugriffe auf die Repositories sind bereits fertig vorhanden.

 **Pfadlänge**

Die Arbeitsweise mit Visual Studio ist sehr einfach und sehr komfortabel. Vor allem der Debugger ist eine echte Hilfe. Leider hat Windows immer noch eine Begrenzung der Pfadlänge auf 260 Zeichen. Viele unter Linux erstellte Pakete nutzen tiefe Pfadstrukturen. Starten Sie am besten mit einem Stammpfad wie *D:\Apps* oder *C:\Dev* und auf keinen Fall mit dem Standardpfad von Visual Studio, der bereits fast 100 Zeichen lang ist. Halten Sie Projektnamen so kurz wie möglich.

Ein neues einfaches Node-Projekt wird über die Projektvorlage *Blank Node.js Web Application* erzeugt.

**Abbildung: Node.js Projektvorlage**

Wie bereits beschrieben startet Node die Applikation über die Anweisungen in der Datei *package.json*. Diese Datei ist im neuen Projekt bereits vorhanden. Als Startdatei wird *server.js* benutzt. Die Node-Applikation ist jetzt bereits startbereit – auch wenn noch nicht viel sinnvolles passiert – und kann gestartet werden. Drücken Sie wie immer einfach *F5*. Node startet in einer Konsole und der Browser öffnet sich mit der Ausgabe "Hello World". Diese Ausgabe wurde von der Projektvorlage erzeugt.

Im weiteren Verlauf des Textes wird der Vorgang für Visual Studio nicht jedesmal gezeigt, sondern die Kommandozeilenversion für Linux benutzt. Die Unterschiede sind minimal und in der folgenden Tabelle zusammengefasst.

**Tabelle: Unterschiede Linux/Windows**

| Aktion | Linux | Windows+VS 2015 |
|---|---|---|
| Starten | npm start | F5 |
| Paket installieren | npm install pkg | Kontextmenü auf Ordner 'npm': *Install new P* |

Abbildung: npm-Pakete mit Visual Studio 2015

# 3.4 Die erste Applikation

Die erste Applikation sollte besonders einfach sein. Die einfachste
Version einer *package.json*-Datei sieht folgendermaßen aus:

```
1  {
2    "name": "buch-beispiel",
3    "main": "server.js"
4  }
```

Da diese Konfiguration auf *server.js* verweist, wird dieses Skript als
nächstes erstellt. Damit Sie sehen, dass es funktioniert, soll es nur
Ausgaben mittels console.log erzeugen.

```
1  console.log('Unsere erste node-Applikation');
```

Starten Sie die Applikation wie zuvor beschrieben.

# 3.5 Pakete

Pakete erweitern die Funktionalität einer Applikation. Mit Node werden ja nicht nur Web-Applikationen erstellt, sondern auch betriebssystemunabhängige Programme und damit serverseitige Funktionen. Auch für ein einfaches Projekt werden zusätzliche Pakete benötigt – Node selbst ist sehr schlank und modular. Da Node fest mit der Paketverwaltung **npm** verbunden ist, werden beide Programme zur Nutzung und Verwaltung benutzt.

## Pakete installieren

In der Konfigurationsdatei *package.json* werden neben der Applikation selbst auch Abhängigkeiten von weiteren Paketen definiert. Sie können die Pakete entweder manuell in der Datei eintragen oder dies dem Installationsprozess überlassen.

Hier ein Beispiel, in dem das Paket "Express" mit der Version "4.8.6" als zusätzliche Abhängigkeit definiert wird:

```
1  {
2    "name": "buch-beispiele",
3    "main": "server.js",
4    "dependencies": {
5      "express": "~4.8.6"
6    }
7  }
```

Die Versionsnummer wurde hier mit einer Tilde ~ eingeleitet. Dieses Verfahren – die Tilde ist nur eine von viele Möglichkeiten – dient dazu Versionen mit semantischen Informationen zu stärken. Pakete werden schnell weiterentwickelt und bei vielen Abhängigkeiten kann es schwierig sein, sowohl aktuell als auch funktionssicher zu bleiben. Die Tilde sorgt dafür, dass die aktuellste Version im untergeordneten Zyklus benutzt wird. Die Version der dritten Stufe darf sich also ändern, die der zweiten nicht. Erscheint ein Paket mit der Version 4.8.7 oder 4.8.9, so wird dieses benutzt. Erscheint dagegen 4.9.0, so wird es nicht benutzt – der ungetestete Umstieg auf ein solches Release wäre zu riskant.

## Versionen

Versionen werden in vier Stufen angegeben: Major.Minor.Patch.Build. 4 ist im Beispiel "Express" eine Hauptversionsnummer, die lange Zeit stabil bleibt und sich nur bei grundlegenden Änderungen erhöht. 8 ist der aktuelle Entwicklungszyklus. 6 ist das Patch-Level, hier werden eher Korrekturen und kleinere Anpassungen erscheinen. Die Buildnummer wird oft nur intern benutzt und nicht an Paketverwaltungen verteilt.

Eine weitere Methode ist die Installation von Paketen über die Kommandozeile – konkret das Kommandozeilenwerkzeug (oder Command Line Interface, cli) – **npm**. Meist ist dies schneller und einfacher. Sie müssen nur entscheiden, ob das Paket nur lokal für eine einzige Applikation oder global für alle künftigen Projekte bereitgestellt wird.

Das Kommando lautet:

```
npm install <PaketName> --save
```

Führen Sie das Kommando im Ordner der Applikation aus und geben Sie die Option `--save` an, dann wird der Eintrag in der Datei *package.json* automatisch erscheinen. Das Paket selbst (also die Dateien, aus denen es besteht), werden in einem Ordner mit dem Namen *node_modules* abgelegt.

Nun kann es vorkommen, dass Sie Pakete in der Datei *package.json* haben, die noch nicht installiert sind. Der Abruf vom Repository muss erst noch erfolgen. Dazu reicht es aus, in dem Ordner, in dem die Datei *package.json* liegt, folgendes aufzurufen:

```
npm install
```

Abhängigkeiten von weiteren Paketen löst das Kommando selbst auf.

Wenn mehrere Pakete installiert werden sollen, dann können diese in einem Kommando angegeben werden (hier: *express*, *mongoose* und *passport*):

```
npm install express mongoose passport --save
```

Die komplette Installation einer Umgebung zum Entwickeln in Node benötigt also nur wenige Kommandos:

1. `npm init` initialisiert eine Standardumgebung
2. `package.json` konfiguriert diese Umgebung
3. `npm install` lädt die benötigten Pakete

## 3.6 Eine Serverapplikation erstellen

Node ist eine Serverapplikation. Diese muss gestartet werden, damit Anfragen bearbeitet werden können und Aktionen ausgeführt werden. Während mit Node sehr viel programmiert werden kann – bis hin zu Desktop-Applikationen – ist die Standardanwendung eine Webapplikation. Es gibt deshalb eine Bibliothek, die grundlegende Aufgaben einer Webapplikation übernimmt – Express. Die meisten Beispiele, die Sie im Web und auf Plattformen wie Stackoverflow[1] finden, nutzen Express.

 **Mehr zu Express**

Zu Express selbst gibt es ein eigenes Kapitel. Im Anhang finden Sie außerdem eine Befehlsübersicht.

Der erste Schritt in Node sollte jedoch noch ohne Express erfolgen, um das einfachst mögliche Beispiel zu sehen. Dieser Einführungs-

---

[1]http://www.stackoverflow.com

text emuliert bewusst einige Funktionen von Express, um die dort
stark gekapselte Funktionalität verständlich zu machen.

## Der einfachste Server

Grundlage der Applikation sind drei Dateien:

- *package.json*
- *server.js*
- *index.html*

*package.json* wurde bereits betrachtet – dies konfiguriert die Applikation. *server.js* ist der aktive Einsprungpunkt – dort startet das
Skript. *index.html* ist eine statische HTML-Seite, die hier beispielhaft ausgeliefert wird.

**Datei: package.json**

```
1   {
2     "name": "http-server",
3     "main": "server.js"
4   }
```

**Datei: index.html**

```
1   <!DOCTYPE html>
2   <html lang="en">
3   <head>
4   <meta charset="UTF-8">
5   <title>Unsere erste Seite</title>
6   <style>
7   body {
8       text-align:center;
9       background:#EFEFEF;
10      padding-top:50px;
11  }
12  </style>
```

```
13    </head>
14    <body>
15
16    <h1>Hallo Node!</h1>
17
18    </body>
19    </html>
```

Die Datei *server.js* liefert den aktiven Teil:

**Datei: server.js**

```
1    var http = require('http');
2    var fs = require('fs');
3    var port = process.env.port || 1337;
4
5    http.createServer(function (req, res) {
6      console.log("Anforderung auf Port 1337")
7      res.writeHead(200, {
8        'Content-Type': 'text/html',
9        'Access-Control-Allow-Origin': '*'
10     });
11     var read = fs.createReadStream(__dirname + '/index.html');
12     read.pipe(res);
13   }).listen(port);
```

Hier werden zuerst zwei Bausteine aus Node benutzt: "http" und "fs". Das Modul "http" dient dazu, die HTTP-Kommunikation zu programmieren. Mit "fs" (File System) wird dagegen der Zugriff auf das Dateisystem möglich. Damit ist alles vorhanden, was dieses Programm benötigt – die Datei *index.html* kann gelesen und gesendet werden.

Starten Sie das Projekt nun wie zuvor beschrieben. Wenn nun mit Hilfe eines Browsers ein Abruf der vereinbarten Adresse *http://localhost:1337* erfolgt, erscheint die Beispielseite und auf der Konsole die Ausgabe "Anforderung auf Port 1337".

**Port**

Der Port wurde hier völlig willkürlich festgelegt. Es
gibt keine tiefere Bedeutung hinter 1337. Nehmen Sie
einen freien Port größer 1000 für die ersten Tests.

## Ein Server mit Express

Warum Express eine so herausragende Bedeutung hat, zeigt das
folgende Beispiel. Es erfüllt dieselbe Aufgabe mit derselben Bei-
spieldatei:

**server.js mit Express 4**

```
 1  var http = require('http');
 2  var express = require('express');
 3  var path = require('path');
 4
 5  var port = process.env.port || 1337;
 6  var app = express();
 7
 8  app.get('/', function (req, res) {
 9    res.sendFile(path.join(__dirname, '/index.html'));
10  });
11
12  app.listen(port);
13  console.log('Abruf mit Express von Port 1337.');
```

Damit das funktioniert, muss zuerst Express installiert werden:

```
npm install express --save
```

Der Vorteil hier ist die Abstraktion der HTTP-Ebene. Sie müssen
sich nicht mehr mit den Feinheiten des Protokolls auseinandersetzen. Sie müssen sich auch nicht um die Besonderheiten des
Dateizugriffs kümmern.

# 3.7 Umgang mit Anfragen

Wie das Beispiel mit *Express* bereits gezeigt hat, geht es meist um die Verarbeitung einer spezifischen URL und die Ermittlung der passenden Aktion dazu. Dies kann mit Node direkt erfolgen. Gerade am Anfang ist es sinnvoll, den Mechanismus dahinter zu verstehen und auf komplexe Module erstmal zu verzichten.

## Einführung in das Routing

Der Prozess des Weiterleitens wird allgemein als "Routing" bezeichnet. Die URL ist die "Route". Sie werden in der Praxis immer mehrere solcher Routen definieren und diesen dann Rückruffunktionen mitgeben, die aufgerufen werden, wenn mit dem passenden URL eine Anfrage erfolgt. Routen sind außerdem mit HTTP-Verben verbunden, also den in HTTP möglichen Kommandos wie GET oder POST.

Node stellt die Funktion url.parse bereit, um die Bestandteile eines URL zu ermitteln. Dazu muss man diese freilich kennen. Die folgende Abbildung erklärt dies.

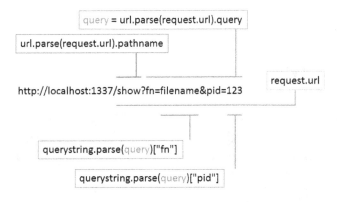

Abbildung: Bestandteile eines URL

Der Server wird außerdem etwas anders strukturiert – nämlich als eigenständiges Modul. Das sollten Sie sehr früh machen, denn JavaScript-Applikationen werden sehr schnell sehr unübersichtlich. Das Modul heißt in diesem Beispiel *start.js*.

Listing: Einfacher Server *start.js*

```
 1   var http = require("http");
 2   var url = require("url");
 3
 4   function start() {
 5
 6     console.log("Startet.");
 7
 8     function onRequest(request, response) {
 9       var pathname = url.parse(request.url).pathname;
10       console.log("Anforderung für Pfad " + pathname + " erhalten.");
11       response.writeHead(200, {
12         "Content-Type": "text/plain"
13       });
14       response.write("Der erste Server");
15       response.end();
16     }
17
18     var port = process.env.port || 1337;
19     http.createServer(onRequest).listen(port);
20     console.log("Ist gestartet.");
21
22   }
23
24   exports.start = start;
```

Module werden über den globalen Befehl exports bereitgestellt. Der interne und der externe Name müssen nicht zwingend übereinstimmen – es erleichtert aber die Wartung dies so zu tun. Die Datei *server.js* sieht nun folgendermaßen aus:

Datei: *server.js

```
1   var server = require('./start');
2
3   server.start();
```

Abbildung: Der Server erkennt die Pfade

Die Applikation ist nun in der Lage, aus des URL des anfordernden Clients den Pfad zu extrahieren. Dies ist der Ausgangspunkt für das Routing. Typische Routen sind dann:

- /index
- /logon
- /logoff
- /show
- /show?fn=filename

Nun ist es nicht besonders schlau, die Routerlogik in den Server zu packen. Schnell wird die Logik komplexer und dann wird der Code sehr schwer wartbar. Sie bekommen auch ein besseres Gefühl für die Art und Weise wie Router arbeiten, wenn Sie die Routerfunktion jetzt separieren.

Erstellen Sie eine neue JavaScript-Datei mit dem Namen *router.js*. Dies sieht folgendermaßen aus:

Datei: router.js

```
1   function route(pathname) {
2     console.log("Route für Pfad angefordert: " + pathname);
3   }
4   exports.route = route;
```

Dieses Skript enthält noch keine Funktionalität. Zuerst aber soll der Zusammenhang mit dem ersten Skript hergestellt werden. Die Verbindung kann direkt erfolgen oder über eine lose Kopplung. Als Entwurfsmuster wird Dependency Injection eingesetzt; ein Verfahren, bei dem dem Aufrufer die aufzurufende Abhängigkeit von außen injiziert wird.

 **Dependency Injection**

Lesen Sie dazu den Artikel von Martin Fowler[2] über lose gekoppelte Architekturen.

Nun die neue Serverfunktion, die Datei *server.js*.

Datei: server.js

```
1   var server = require('./start');
2   var router = require('./router');
3
4   server.start(router);
```

Die Datei *start.js*, die den Applikationskern enthält, ist noch weitgehend unverändert. Lediglich die neue Router-Funktion wird aufgerufen, tut aber noch nichts sinnvolles außer der Konsolenausgabe.

---

[2]http://martinfowler.com/articles/injection.html

**Listing:** *start.js* **mit Router**

```
1   var http = require("http");
2   var url = require("url");
3
4   function start(router) {
5
6     console.log("Startet.");
7
8     function onRequest(request, response) {
9       var pathname = url.parse(request.url).pathname;
10      router.route(pathname);
11      response.writeHead(200, {
12        "Content-Type": "text/plain"
13      });
14      response.write("Der erste Server");
15      response.end();
16    }
17
18    var port = process.env.port || 1337;
19    http.createServer(onRequest).listen(port);
20    console.log("Ist gestartet.");
21
22  }
23
24  exports.start = start;
```

Die Aufrufe von `require` suchen nach dem passenden Modul bzw. nach einer Datei mit dem angegebenen Namen. Die exportierten Namen lassen sich dann aufrufen. Der Zugriff auf `exports` im vorherigen Skript basiert auf einem globalen Modul, das Node immer bereitstellt.

Die Funktion *onRequest* ist in der Start-Funktion verborgen, sodass Sie privat bleibt. Sie wird dann als Rückruffunktion an die Methode `createServer` übergeben. Trifft eine Anfrage ein, wird Node die Methode *onRequest* aufrufen, um die Abarbeitung zu beginnen.

Nun kann die Applikation gestartet werden.

## Architektur der Anwendung

Da nun verschiedene Aktionen für verschiedene Routen erledigt
werden sollen, muss das erstellte Gerüst mit der dazu erforderlichen
Logik befüllt werden. Als einfaches Beispiel eignet sich der Abruf
einer Liste von Dateien (Route */show*) und die Möglichkeit, Dateien
hochzuladen (Route */upload*). Dazu werden zuerst drei Methoden
erstellt, die sich um die Ausführung kümmern:

- home: Die Startseite
- show: Anzeige der Dateiliste und Herunterladen einer Datei
- upload: Hochladen einer Datei

Auch dieser Teil wird als separates Modul bereitgestellt.

**Datei: handlers.js**

```
1   function home() {
2     console.log("Anforderung 'home' aufgerufen.");
3   }
4   function show() {
5     console.log("Anforderung 'show' aufgerufen.");
6   }
7   function upload() {
8     console.log("Anforderung 'upload' aufgerufen.");
9   }
10  exports.home = home;
11  exports.show = show;
12  exports.upload = upload;
```

Der Router bekommt nun Zugriff auf diese Funktionen, um bei
einem Aufruf der Route die Aktion ausführen zu können. Damit
die Zuordnung flexibel ist, werden die Routen mit den Handlern
über ein JavaScript-Objekt verküpft.

**Datei: server.js**

```
1   var server = require("./start");
2   var router = require("./router");
3   var requestHandlers = require("./handlers");
4
5   var handler = {};
6   handler["/"] = requestHandlers.home;
7   handler["/show"] = requestHandlers.show;
8   handler["/upload"] = requestHandlers.upload;
9
10  server.start(router.route, handler);
```

Wird nun ein Pfad erkannt, der aus der Liste der Routen stammt, wird die entsprechende Methode aufgerufen. Aktion und Ausführung sind getrennt. Was hier entsteht ist übrigens eine Art Middleware – genau deshalb heißt das Framework, das am häufigsten unter Node dafür benutzt wird auch *Express Middleware*. Wird also der Pfad */show* erkannt, wird die Funktion *show()* in *requestHandlers* aufgerufen.

Jetzt kann die eigentliche Funktionalität implementiert werden. Node verfügt über eine Reihe eingebauter und einige nachladbare Module, die die passenden Funktionen liefern.

**Datei: start.js**

```
1   var http = require("http");
2   var url = require("url");
3
4   function start(route, handler) {
5     function onRequest(request, response) {
6       var pathname = url.parse(request.url).pathname;
7       if (route(pathname, handler)) {
8         response.writeHead(200, {
9           "Content-Type": "text/plain"
10        });
11        response.write("Hallo Router");
12        response.end();
13      } else {
```

```
14    response.writeHead(404, {
15      "Content-Type": "text/plain"
16    });
17    response.write("404 Not found");
18    response.end();
19    }
20  }
21  var port = process.env.port || 1337;
22  http.createServer(onRequest).listen(port);
23  console.log("Server gestartet.");
24 }
25
26 exports.start = start;
```

In diesem Skript wird je nach Aufruf entweder der Pfad durch den
Router behandelt und dann die reguläre Antwort mit dem HTTP-
Statuscode 200 gesendet oder es wird – falls die Route nicht erkannt
wurde – der Statuscode 404 gesendet.

Nun wird *router.js* erweitert. Der Aufruf der Methoden der Geschäftslogik erfolgt jetzt dynamisch und es existiert bereits eine
elementare Fehlerbehandlung.

**Datei: router.js**

```
1  function route(pathname, handler) {
2    console.log("Anforderung für " + pathname);
3    if (typeof handler[pathname] === 'function') {
4      handler[pathname]();
5      return true;
6    } else {
7      console.log("Keine Methode gefunden für " + pathname);
8      return null;
9    }
10 }
11 exports.route = route;
```

Hier wird zuerst geschaut (Zeile 3), ob eine Rückruffunktion für den
entsprechenden Pfad existiert. JavaScript gibt undefined zurück,

wenn dies nicht der Fall ist, sodass der else-Zweig ausgeführt wird. Existiert die Funktion, wird sie aufgerufen (Zeile 4). Die Funktion kann etwas zurückgeben (was noch implementiert werden muss) und dieser Rückgabewert wird später an den Server übergeben und dann zum Client gesendet. Hier wird nur true zurückgegeben, um dem Server anzuzeigen, dass alles in Ordnung ist.

```
Server gestartet.
Anforderung für /
Anforderung 'home' aufgerufen.
Anforderung für /shows
Keine Methode gefunden für /shows
Anforderung für /show
Anforderung 'show' aufgerufen.
```

**Abbildung: Reaktion auf verschiedene Routen**

Nun müssen noch die eigentlichen Funktionen der Geschäftlogik erstellt werden. Dazu müssen diese etwas zurückgeben, denn statt des statischen Texts soll eine Ausgabe in HTML an den Browser erfolgen.

Die dritte Version der Datei *start.js* zeigt nun, wie das geht:

**Datei: start.js**

```
1   var http = require("http");
2   var url = require("url");
3
4   function start(route, handler) {
5     function onRequest(request, response) {
6       var pathname = url.parse(request.url).pathname;
7       var content = route(pathname, handler);
8       if (content) {
9         response.writeHead(200, {
10          "Content-Type": "text/plain"
11        });
12        response.write(content);
13        response.end();
14      } else {
15        response.writeHead(404, {
16          "Content-Type": "text/plain"
17        });
```

```
18      response.write("404 Not found");
19      response.end();
20    }
21  }
22  var port = process.env.port || 1337;
23  http.createServer(onRequest).listen(port);
24  console.log("Server gestartet.");
25 }
26
27 exports.start = start;
```

Wenn die Middleware-Funktionen nun HTML zurückgegeben, kann Node dies beim Abruf des passenden Pfades ausgeben. Die Übergabe erfolgt in Zeile 10, die Ausgabe an den Client in Zeile 12.

Der Router gibt nun die Werte der aufgerufenen Logikfunktionen zurück (Zeile 4):

**Datei: router.js**

```
1 function route(pathname, handler) {
2   console.log("Anforderung für " + pathname);
3   if (typeof handler[pathname] === 'function') {
4     return handler[pathname]();
5   } else {
6     console.log("Keine Methode gefunden für " + pathname);
7     return null;
8   }
9 }
10 exports.route = route;
```

Die Geschäftslogik in *handler.js* sollte nun etwas zurückgeben statt der für den Browser unsichtbaren Konsolenausgaben:

Datei: handlers.js

```
1   function home() {
2     return "Anforderung 'home' aufgerufen.";
3   }
4   function show() {
5     return "Anforderung 'show' aufgerufen.";
6   }
7   function upload() {
8     return "Anforderung 'upload' aufgerufen.";
9   }
10  exports.home = home;
11  exports.show = show;
12  exports.upload = upload;
```

Soweit funktioniert das und kann benutzt werden. Allerdings wird im Beispiel mit Dateien gearbeitet. Dies kann problematisch sein, wenn die Operationen etwas dauern. Node ist wie jede JavaScript-Implementierung single-threaded, kann also immer nur eine Anfrage zugleich bearbeiten. Bei hoher Last kann dies zu einem Engpass führen. Anforderungen sollten deshalb immer asynchron behandelt werden. Während der Server auf der Festplatte mit Hilfe des Betriebssystem nach Dateien sucht, kann Node weitere Anforderungen bearbeiten. Freilich muss die Dateifunktion dazu sofort zurückkehren und eine weitere Rückruffunktion ist erforderlich.

## Synchrone und Asynchrone Aufrufe

Man unterscheidet hier zwischen synchronen und asynchronen Aufrufen. Synchrone Aufrufe blockieren Node, asynchrone dagegen nicht. Es ist "best practice" in JavaScript immer asynchron zu programmieren.

Das Beispiel nutzt Dateizugriffsfunktionen, die Node über das Modul 'fs' (File System) bereitstellt. Die Funktionen sind standardmäßig asynchron und nur im Bedarfsfall auch synchron benutzbar.

**Ausschnitt aus handlers.js (synchron)**

```
1   var fs = require('fs');
2
3   function home() {
4     return fs.readFileSync('views/home.html');
5   }
```

Damit die Programmierung nicht übermäßig komplex wird, ist es am besten die Anforderung selbst an die asynchron arbeitende Logik weiterzugeben. Damit wird das *response*-Objekt übergeben und der Aufruf von write und end erfolgt nun dort.

**Datei: start.js**

```
1   var http = require("http");
2   var url = require("url");
3
4   function start(route, handler) {
5     function onRequest(request, response) {
6       var pathname = url.parse(request.url).pathname;
7       var content = route(pathname, handler, response);
8       if (!content) {
9         response.writeHead(404, {
10          "Content-Type": "text/plain"
11        });
12        response.write("404 Not found");
13        response.end();
14      }
15    }
16    var port = process.env.port || 1337;
17    http.createServer(onRequest).listen(port);
18    console.log("Server gestartet.");
19  }
20
21  exports.start = start;
```

Die eigentliche Ausgabe wurde an die Logik weitergereicht (Zeile 7). Nur der Fehlerfall wird noch hier behandelt.

Die Logik beginnt mit der Abstraktion über den Router, der durch die invers verbundene Konfiguration von außen gesteuert werden kann. Die Rückgabe der Ausgabe erfolgt mit dem Aufruf der Funktion in Zeile 4 der Datei *router.js*.

**Datei: router.js**

```
function route(pathname, handler, response) {
  console.log("Anforderung für " + pathname);
  if (typeof handler[pathname] === 'function') {
    return handler[pathname](response);
  } else {
    console.log("Keine Methode gefunden für " + pathname);
    return null;
  }
}
exports.route = route;
```

In der Datei *handlers.js* erfolgt nun der Aufruf asynchron und in der Rückruffunktion wird die Antwort erstellt. Das Modul 'fs' (File System) leistet gute Arbeit dabei, diese an den Browser zu senden.

**Ausschnitt aus handlers.js (asynchron)**

```
var fs = require('fs');

function home(response) {
  fs.readFile('views/home.html', function (err, data) {
    response.writeHead(200, {
      "Content-Type": "text/html"
    });
    response.write(data);
    response.end();
  });
  return true;
}
```

# Dynamisches HTML

Ohne Template-System muss viel HTML manuell erstellt werden. Manchmal reicht es, aber das folgende Beispiel zeigt auch, warum sich Template-Engines wie JADE so großer Beliebtheit erfreuen.

Die folgende Erweiterung geht davon aus, dass ein Ordner mit dem Namen *files* existiert. Die Funktion *show* der Geschäftslogik wird benutzt, um alle Dateien in diesem Ordner anzuzeigen.

**Ausschnitt aus handlers.js (asynchron)**

```
1   var fs = require('fs');
2
3   function show(response) {
4     fs.readdir('files', function (err, list) {
5       response.writeHead(200, { "Content-Type": "text/html" });
6       var html = '<html><head></head>' +
7                  '<body><h1>Dateimanager</h1>';
8       if (list.length) {
9         html += "<ul>";
10        for (i = 0; i < list.length; i++) {
11          html += '<li><a href="/show?fn=' +
12                  list[i] + '">' +
13                  list[i] + '</a></li>';
14        }
15        html += "</ul>";
16      } else {
17        html += '<h2>Keine Dateien gefunden</h2>';
18      }
19      html += '</body></html>';
20      response.write(html);
21      response.end();
22    });
23    return true;
24  }
```

Hier wird der Ordner mit `fs.readdir` gelesen und eine Liste von Hyperlinks erstellt; für jede Datei einer. Nun müssen die Dateien noch in den Ordner gelangen.

## HTML-Dateien senden

Ändern Sie zuerst die HTML-Datei, die an den Browser gesendet werden soll, wie nachfolgend gezeigt.

**Datei: views/home.html**

```
1   <html>
2     <head>
3       <meta http-equiv="Content-Type"
4             content="text/html; charset=UTF-8" />
5     </head>
6     <body>
7       <h1>Dateimanager</h1>
8       <a href="/show">Zeige alle Dateien</a>
9
10      <form action="/upload" method="post">
11        <input type="file" />
12        <input type="submit" value="Datei hochladen" />
13      </form>
14    </body>
15  </html>
```

Die Logik ist jetzt bereits in der Lage, eine HTML-Seite von der Festplatte zu laden und an den Browser zu senden. Sie kann außerdem alle Dateien anzeigen.

Als Kodierung (encoding) wurde hier UTF-8 gewählt.

**UTF-8**

Heutzutage unterstützen alle Browser UTF-8 und die
Kodierung von Sonderzeichen und Umlauten ist damit problemlos möglich. Die "alten" HTML-Entitäten
wie &uuml; für "ü" sind obsolet. HTML 5 erlaubt die
Angabe der Kodierung im Protokoll über das Kopffeld *Content-Type* oder im HTML-Kopf mit einem
der folgenden Meta-Tags:

```
<meta charset="utf-8" />              <meta
http-equiv="Content-Type" ' content="text/html;
charset=utf-8" />'
```

Die Angabe ist insofern etwas irritierend, als dass der
Zeichensatz (charset) eigentlich Unicode ist und die-
ser Zeichensatz dann mittels UTF-8 kodiert wird. Als
Entwickler müssen Sie nur wissen, dass Sie HTML-
Seiten als UTF-8 ablegen und das passende Kopffeld
senden.

Im letzten Beispiel fehlt zur Komplettierung noch die Funktion
*upload*. Das Übertragen von Dateien erfolgt zusammen mit anderen
Formulardaten mit Hilfe des HTTP-Verbs POST. Das Absenden
erledigt der Browser, wenn ein Formular benutzt wird. Der nächste
Schritt besteht zunächst darin, die Verben zu erkennen und zu
beschränken.

## Beschränkung der Verben

Der bereits gezeigte Code funktioniert, allerdings reagiert Node auf
alle HTTP-Verben. Das ist in Praxis kritisch, weil unsinnige Wege
in die Applikation geöffnet werden. Die Beschränkung besteht also
darin, nur auf GET bzw. auf POST zu reagieren.

POST wird nur benötigt, um Daten vom Browser zum Server zu
transportieren. Der Server empfängt also alle anderen Anfragen nur
mit GET.

**Datei: handlers.js**

```
1   var fs = require('fs');
2
3   function home(request, response) {
4     if (request.method !== 'GET') {
5       response.writeHead("405");
6       response.end();
7     }
8     fs.readFile('views/home.html', function (err, data) {
9       response.writeHead(200, { "Content-Type": "text/html" });
10      response.write(data);
11      response.end();
12    });
13    return true;
14  }
15  function show(request, response) {
16    if (request.method !== 'GET') {
17      response.writeHead("405");
18      response.end();
19    }
20    fs.readdir('files', function (err, list) {
21      response.writeHead(200, { "Content-Type": "text/html" });
22      var html = '<html><head></head>' +
23                 '<body><h1>Dateimanager</h1>';
24      if (list.length) {
25        html += "<ul>";
26        for (i = 0; i < list.length; i++) {
27          html += '<li><a href="/show?fn=' + list[i] + '">' + list[i] \
28  +
29                  '</a></li>';
30        }
31        html += "</ul>";
32      } else {
33        html += '<h2>Keine Dateien gefunden</h2>';
34      }
35      html += '</body></html>';
36      response.write(html);
37      response.end();
38    });
39    return true;
40  }
41  function upload(request, response) {
```

```
42    if (request.method !== 'POST') {
43      response.writeHead("405");
44      response.end();
45    }
46    return true;
47  }
48  exports.home = home;
49  exports.show = show;
50  exports.upload = upload;
```

Da das angeforderte Verb in der Anforderung *request* steht, muss dieser Parameter auch mit übergeben werden. In der Datei *start.js* sieht Zeile 7 nun wie folgt aus:

```
var content = route(pathname, handler, request, response);
```

In der Datei *router.js* sieht das nun so aus:

**Datei: router.js**

```
1   function route(pathname, handler, request, response) {
2     console.log("Anforderung für " + pathname);
3     if (typeof handler[pathname] === 'function') {
4       return handler[pathname](request, response);
5     } else {
6       console.log("Keine Methode gefunden für " + pathname);
7       return null;
8     }
9   }
10  exports.route = route;
```

## Umgang mit Formulardaten

Auf der untersten Ebene werden die Formulardaten als simple Byte-folge weitergereicht. Da hier noch keine hilfreichen Bibliotheken im Einsatz sind, muss die Verarbeitung selbst erfolgen. Es ist Sache des Servers, diese Daten aufzubereiten. Bevor die Methode *upload* aufgerufen wird, sollten die Daten bereits vorliegen.

Das request-Objekt stellt einige Ereignisse bereit, um auf Daten reagieren zu können. Die Übergabe von *request* erfolgt bereits im vorhergehenden Schritt, sodass nur wenige Änderungen notwendig sind. Nutzbar sind hier die Ereignisse data beim Eintreffen von Daten und end, wenn keine Daten mehr vorliegen.

```
1   request.addListener("data", function(chunk) {
2     // Daten empfangen
3   });
4   request.addListener("end", function() {
5     // Keine Daten mehr
6   });
```

Das Ereignis data wird mehrfach aufgerufen. Sie müssen hier die Daten zusammensammeln und dann komplett an die entsprechende Methode übergeben. In *handlers.js* wird der Parameter *postData* eingeführt, an den – wenn vorhanden – die Daten übergeben werden. Nun muss nur noch die Datei *start.js* erweitert werden, damit die Daten ausgewertet werden und natürlich *router.js*, damit das Weiterreichen funktioniert.

**Datei: start.js**

```
1   var http = require("http");
2   var url = require("url");
3
4   function start(route, handler) {
5     function onRequest(request, response) {
6       var pathname = url.parse(request.url).pathname;
7       var content;
8       var postData = '';
9       request.setEncoding("utf8");
10      if (request.method === 'POST') {
11        request.addListener("data", function (chunk) {
12          postData += chunk;
13        });
14        request.addListener("end", function () {
15          content = route(handler, pathname,
16                          request, response, postData);
```

```
17      });
18    } else {
19      content = route(handler, pathname, response);
20    }
21    var content = route(pathname, handler,
22                        request, response);
23
24    if (!content) {
25      response.writeHead(404, {
26        "Content-Type": "text/plain"
27      });
28      response.write("404 Not found");
29      response.end();
30    }
31  }
32  var port = process.env.port || 1337;
33  http.createServer(onRequest).listen(port);
34  console.log("Server gestartet.");
35 }
36
37 exports.start = start;
```

In Zeile 5 wird eine Variable definiert, die die Formulardaten aufnimmt. Ab Zeile 12 folgen die beiden Ereignisbehandlungsmethoden, in denen die Daten gesammelt werden. Folgen keine Daten mehr, so erfolgt in Zeile 16 der Aufruf des Routers und damit der Aufruf der passenden Methode. Liegen keine Daten vor, beispielsweise bei GET, so wird die Router-Methode direkt aufgerufen.

**Datei: router.js**

```
1   function route(pathname, handler,
2                  request, response, postData) {
3     console.log("Anforderung für " + pathname);
4     if (typeof handler[pathname] === 'function') {
5       return handler[pathname](request, response, postData);
6     } else {
7       console.log("Keine Methode gefunden für " + pathname);
8       return null;
9     }
10  }
11  exports.route = route;
```

Der Wert in *postData* wird einfach durchgereicht. Ist er null oder undefined, so wird auch dies von JavaScript weitergereicht. Eine Fehlerbehandlung ist nicht erforderlich an dieser Stelle.

## Verarbeiten von Formulardaten

Formulardaten werden in HTTP auf verschiedenen Wegen verarbeitet. Der einfachste Fall sind simple Formularfelder. Dann stehen die Daten in Form einer Kette von Schlüssel-/Wertepaaren in der Anforderung:

```
Name=Joerg+Krause&Age=52&Formula=a+%2B+b+%3D%3D+13%25%21
```

Wenn jedoch Dateien hochgeladen werden, sind diese oft binär und müssen entsprechend kodiert werden. Der Empfänger muss nun wissen, wie er aus den kodierten Daten das ursprüngliche Binärformat wieder erstellen soll. Dazu gibt es den MIME-Standard (multipurpose internet mail extensions). Ursprünglich wurde dies entwickelt, um Bilder in E-Mails einzubetten.

**POST und MIME**

Eine sehr umfassende Darstellung zu POST ist auf Wikipedia (in Englisch)[3] zu finden. Zu MIME[4] ist in derselben Quelle ebenfalls viel Information zu finden. Die Beispiele in diesem Abschnitt stammen aus diesen Wikipedia-Artikeln.

Mit MIME sieht die Kodierung einer Datei etwa folgendermaßen aus:

```
1    MIME-Version: 1.0
2    Content-Type: multipart/mixed; boundary=frontier
3
4    This is a message with multiple parts in MIME format.
5    --frontier
6    Content-Type: text/plain
7
8    This is the body of the message.
9    --frontier
10   Content-Type: application/octet-stream
11   Content-Transfer-Encoding: base64
12
13   PGh0bWw+CiAgPGhlYWQ+CiAgPC9oZWFkPgogICAgPHib2R5PgogICAgPHA+VGhpcyBpcyB0\
14   aGUg
15   Ym9keSBvZiB0aGUgbWVzc2FnZS48L3A+CiAgPC9ib2R5Pgo8L2h0bWw+Cg==
16   --frontier--
```

Beide Darstellungen deuten an, dass die Verarbeitung von Formulardaten nicht trivial ist, zumal die Beispiele nur einen kleinen Teil der Möglichkeiten wiedergeben. Es ist an der Zeit, hier auf eine weitere **npm**-Bibliothek zurückzugreifen. Ein guter Start ist die Bibliothek *formidable*.

Installieren Sie *formidable* zuerst. Machen Sie es optional auch global verfügbar (Option -g), um es in anderen Projekten zu benutzen:

---

[3]https://en.wikipedia.org/wiki/POST_(HTTP)
[4]https://en.wikipedia.org/wiki/MIME#Form-Data

```
npm install formidable@latest --save -g
```

Eine via POST eintreffende Datei kann damit folgendermaßen empfangen werden:

```
 1  var formidable = require('formidable'),
 2      http = require('http'),
 3      util = require('util');
 4
 5  http.createServer(function(req, res) {
 6    if (req.url == '/upload' && req.method === 'POST') {
 7      // Parser
 8      var form = new formidable.IncomingForm();
 9
10      form.parse(req, function(err, fields, files) {
11        res.writeHead(200, {'content-type': 'text/plain'});
12        res.write('Dateien: ');
13        res.end(files.length);
14      });
15
16      return;
17    }
18
19    // Formular
20    res.writeHead(200, {'content-type': 'text/html'});
21    res.end(
22      '<form action="/upload" enctype="multipart/form-data" ' +
23          'method="post">'+
24      '<input type="text" name="title"><br>'+
25      '<input type="file" name="upload" multiple="multiple">'+
26      '<br /><input type="submit" value="Upload">'+
27      '</form>'
28    );
29  }).listen(8080);
```

Wichtig ist hier die Gestaltung des Formulars. In Zeile 19 steht enctype="multipart/form-data". Mit diesem Attribut wird das Kodieren nach MIME ausgelöst. Nun wird noch ein Eingabeelement benötigt, dass die Datei auf der Festplatte des Benutzers auswählt (Zeile 21). Die Methode parse wird beim Eintreffen dann die Daten untersuchen und bereitstellen (Zeile 10).

## Dokumentation

Das Modul *formidable* ist auf Github[5] zu finden.

Die Verarbeitungsmethode *parse* gibt zwei Objekte zurück, *files* und *fields*. Darin sind die Dateien zu finden und die anderen Felder des Formulars. Die Struktur sind etwa folgendermaßen aus:

```
1   fields: { title: 'Hello World' }
2
3   files: {
4     upload: {
5       size: 1558,
6       path: '/tmp/1c747974a27a6292743669e91f29350b',
7       name: 'us-flag.png',
8       type: 'image/png',
9       lastModifiedDate: Tue, 21 Jun 2011 07:02:41 GMT,
10      _writeStream: [Object],
11      length: [Getter],
12      filename: [Getter],
13      mime: [Getter]
14      }
15    }
16  }
```

Interessant ist hier die Angabe *path*. Dies ist der temporäre Ort, wo die Datei erstmal abgelegt wurde. Von dort kann sie nun – wenn alle anderen Rahmenbedingungen passen – in den Applikationsordner kopiert werden.

## Verarbeiten des Querystring

Die Anzeigemethode soll dazu dienen, die Dateien zum Herunterladen anzubieten. Dazu wird ein Parameter übergeben – der Dateiname. Die Übergabe von Daten in HTTP mittels URL erfolgt

---

[5]https://github.com/felixge/node-formidable

über den Teil nach dem Fragezeichen, dem Querystring. Auch für die Verarbeitung dieser Daten gibt es ein Modul in Node:

```
var querystring = require("querystring")
```

Eine separate Installation des Moduls ist nicht notwendig. Wegen der herausragenden Bedeutung ist es immer verfügbar. In der Applikation werden dann die Links zu den Dateien dynamisch erzeugt und ins bestehende HTML eingebettet. Die Dateinamen hängen als Parameter an den Links in der Form *fn=filename*. Der Querystring muss also auf das Feld *fn* hin untersucht werden.

Der Abruf der Daten sieht dann folgendermaßen aus:

```
querystring.parse(request.url.querystring).fn
```

Das Ergebnis ist der Dateiname oder undefined, falls der Parameter nicht gefunden wurde. Die fertige *show*-Funktion sieht nun wie folgt aus:

**Datei: handlers.js**

```
1   var fs = require("fs");
2
3   function home(response, postData) {
4     // Unverändert
5   }
6   function show(response, postData) {
7     if (response.Method !== 'GET') {
8       response.write("405 Method not allowed");
9     }
10    console.log("Anforderung 'show' aufgerufen.");
11
12    response.write();
13    response.end();
14  }
15  function upload(response, postData) {
16    // unverändert
17  }
18  exports.home = home;
19  exports.show = show;
20  exports.upload = upload;
```

Der Querystring steckt in *request*. Dieses Objekt wird bereits weitergeleitet. Es ist allerdings sinnvoll, die Unterscheidung zwischen Daten aus GET und solchen aus POST aufzulösen und nur mit Daten zu arbeiten. Das kann in der vorherigen Schicht außerhalb der Logik erfolgen, sodass alle Methoden der Geschäftslogik davon profitieren. Die beiden Verben sind gegenseitig exklusiv, es kann deshalb nie zu Konflikten kommen. Der Server liefert damit entweder die Daten über `form.parse` oder über `querstring.parse`. In beiden Fällen handelt es sich um ein JavaScript-Objekt.

# 3.8 Die vollständige Applikation

Mit diesem Code kann die Applikation fertiggestellt werden. Die Bausteine sind:

- Eine HTML-Seite, die als Startseite und zur Anzeige aller Dateien dient. Auf dieser Seite ist auch das Formular zum hochladen zu finden
- Der Server, der Anforderungen empfängt, aufbereitet und an den Router übergibt
- Der Router, der die Pfade erkennt:
    - */home* zur Startseite
    - */show* zum Herunterladen einer Datei
    - */upload* zum Hochladen einer Datei
- Eine kleine Geschäftslogik, die die Daten verarbeitet und bereitstellt

Praktisch ist jede Webapplikation ähnlich aufgebaut – wenn auch ungleich komplexer. Die primitive innere Struktur von Node führt zu enormer Performance und die Eingriffsmöglichkeiten sind fast grenzenlos. Allerdings sind Sie als Entwickler gut beraten, sich mit den Grundlagen der Protokolle und elementaren Techniken der Informatik auseinanderzusetzen (HTTP, MIME, Kodierung mit UTF-8 usw.).

Hier das fertige Programm, bestehend aus:

- *server.js*
- *start.js*
- *router.js*
- *handler.js*
- *home.html*

Auf dem Zielsystem muss noch der Ordner *files* so konfiguriert werden, dass der Prozess, unter dem Node ausgeführt wird, dort (und nur dort) Schreibrechte hat, damit das Hochladen der Dateien funktioniert.

Das fertige Programm nutzt noch eine weitere Node-Bibliothek: *mime*. Sie dient der Ermittlung des richtigen *Content-type*-Kopffeldes beim Herunterladen der Dateien. Installieren Sie es wie folgt:

```
npm install mime --save
```

## Die Applikation *server.js*

Die Applikation startet in der Datei *server.js*. Hier werden die anderen Module eingebunden. Gegenüber den vorherigen Versionen ist die Vereinbarung der Routen nicht nur an den Namen, sondern auch an das passende HTTP-Verb gebunden. Damit ist die einzelne, wiederholte Abfrage der Methode nicht mehr erforderlich.

**Datei: server.js**

```
 1   var server = require("./start");
 2   var router = require("./router");
 3   var requestHandlers = require("./handlers");
 4
 5   var handler = {};
 6   handler[["/", 'GET']] = requestHandlers.home;
 7   handler[["/show", 'GET']] = requestHandlers.show;
 8   handler[["/upload", 'POST']] = requestHandlers.upload;
 9
10   server.start(router.route, handler);
```

## Das Startskript *start.js*

Der Funktionsstart selbst wird entsprechend erweitert. Zum einen ist die Ausführungsmethode in die neue Funktion *execute* verschoben, da sie mehrfach benötigt wird. Die Geschäftslogik kümmert sich wieder selbst um das Senden der Daten. Nur wenn dies misslingt, wird der generische Fehler *400 Bad request* gesendet.

 **Bad Request**

Oft wird lange und kompliziert darüber nachgedacht, welcher HTTP-Code sich dazu eignet, Fehler an den Client zu melden. Das ist der Mühe nicht wert. Der Benutzer kann letztlich mit keiner Meldung etwas anfangen. Er wird immer mit einer allgemeinen Fehlerseite abgehandelt werden müssen. Konkrete Fehler sind eher gefährlich, denn wenn nicht ein regulärer Benutzer sondern ein Hacker den Server angreift, liefert jede Fehlermeldung Hinweise auf weiteres Angriffspotenzial. Der generische Fehler *400 Bad request* sagt nichts aus, außer dass die Aktion misslungen ist.

Im Skript werden einige Module benutzt. *http*, *url* und *querystring* sind intern in Node verfügbar. *formidable* wurde zusätzlich via **npm** installiert. In der Methode *onRequest* wird der Pfad für das Routing ermittelt und der Querystring extrahiert (Zeile 16). Bei POST erfolgt noch das Auswerten der Formulardaten.

 **POST und Querystring**

Theoretisch kann eine POST-Anforderung auch Daten im Querystring haben. Solche Vermischungen sind zwar keine so gute Idee, aber die generelle Abfrage von Querystring-Daten ist korrekt.

Aus den Daten wird dann das *data*-Objekt erstellt, sodass Formulardaten, Querystring-Daten und hochgeladene Dateien an die Geschäftslogik übergeben werden können.

Datei: start.js

```
var http = require("http");
var url = require("url");
var formidable = require("formidable");
var querystring = require("querystring");

function start(route, handler) {

  function execute(pathname, handler, request, response, data) {
    var content = route(pathname, handler,
                        request, response, data);
    if (!content) {
      response.writeHead(400, {
        "Content-Type": "text/plain"
      });
      response.write("400 Bad request");
      response.end();
    }
  }

  function onRequest(request, response) {
    var pathname = url.parse(request.url).pathname;
    var query = url.parse(request.url).query;
    if (request.method === 'POST') {
```

```
24    var form = new formidable.IncomingForm();
25    form.parse(request, function (err, fields, files) {
26      if (err) {
27        console.error(err.message);
28        return;
29      }
30      var data = { fields: fields, files: files };
31      execute(pathname, handler, request, response, data);
32    });
33    }
34    if (request.method === 'GET') {
35      var data = {
36        fields: querystring.parse(query)
37      };
38      execute(pathname, handler, request, response, data);
39    }
40  }
41  var port = process.env.port || 1337;
42  http.createServer(onRequest).listen(port);
43  console.log("Server gestartet.");
44  }
45
46  exports.start = start;
```

Am Server selbst wurde hier nichts geändert – dieser Teil entspricht
den vorherigen Beispielen.

## Die Routingfunktionen *router.js*

Der Router ist weitgehend unverändert. Einzige Anpassung betrifft die Nutzung von Pfad und HTTP-Verb bei der Wahl der
auszuführenden Methode durch ein Array: [pathname, method].
Übergeben wird nur die Antwort *response*, weil die ausführenden
Methoden ihre Daten selbst senden sollen, und die ermittelten
Daten der Anforderung. So muss die Anforderung selbst nicht mehr
weitergereicht werden.

**Datei: router.js**

```
1  function route(pathname, handler, request, response, data) {
2    console.log("Anforderung für " + pathname);
3    var method = request.method;
4    if (typeof handler[[pathname, method]] === 'function') {
5      return handler[[pathname, method]](response, data);
6    } else {
7      console.log("Keine Methode gefunden für " + pathname +
8                  " und Verb " + method);
9      return null;
10   }
11 }
12 exports.route = route;
```

## Die Geschäftslogik *handler.js*

Die Geschäftslogik umfasst die drei Methoden, die "etwas tun":

- *home*: Aufruf der Startseite mit dem Formular zum Hochladen
- *show*: Anzeige aller hochgeladenen Dateien oder Herunterladen einer Datei
- *upload*: Hochladen einer Datei und Weiterleiten auf *show*

**Datei: handler.js (home)**

```
1  var fs = require('fs');
2  var path = require('path');
3  var mime = require('mime');
4
5  function home(response, data) {
6    fs.readFile('views/home.html', function (err, data) {
7      response.writeHead(200, { "Content-Type": "text/html" });
8      response.write(data);
9      response.end();
10   });
11   return true;
12 }
```

Hier wird die HTML-Datei asynchron gelesen und dann an den Client geliefert.

In *show* werden zwei Aktionen ausgeführt. Zum einen wird der Parameter 'fn' abgefragt. Ist dort ein Dateiname zu finden, wird die Datei synchron gelesen und zum Herunterladen ausgeliefert. Zum anderen wird, wenn kein Parameter vorliegt, eine weitere HTML-Seite dynamisch erzeugt, die alle Dateien als Links mit Parameter enthält (ab Zeile 13). Die Steuerung des Herunterladens erfolgt über spezielle Kopffelder, die mit response.setHeader erzeugt werden.

Hier wird das Senden mit response.end vorgenommen, was eine Zusammenfassung aus write und end ist. Die Angabe von 'binary' ist zwingend erforderlich, sonst nimmt Node an, dass der Inhalt Text ist und versucht die standardmäßig benutzte Kodierung UTF-8 zu erzwingen. Bilder oder andere Binärdateien werden dadurch jedoch zerstört.

**Datei: handler.js (show)**

```
1   function show(response, data) {
2     // Herunterladen
3     if (data.fields && data.fields['fn']) {
4       var name = data.fields['fn'];
5       var file = path.join(__dirname, '/files', name);
6       var mimeType = mime.lookup(file);
7       response.setHeader('Content-disposition',
8                          'attachment; filename=' + name);
9       response.setHeader('Content-type', mimeType);
10      var filedata = fs.readFileSync(file, 'binary');
11      response.end(filedata, 'binary');
12      return true;
13    }
14    // Alle anzeigen
15    fs.readdir('files', function (err, list) {
16      response.writeHead(200, { "Content-Type": "text/html" });
17      var html = '<html><head></head>' +
18                 '<body><h1>Dateimanager</h1>';
19      if (list.length) {
20        html += "<ul>";
21        for (i = 0; i < list.length; i++) {
```

```
22        html += '<li><a href="/show?fn=' + list[i] + '">' +
23                 list[i] + '</a></li>';
24      }
25      html += "</ul>";
26    } else {
27      html += '<h2>Keine Dateien gefunden</h2>';
28    }
29    html += '</body></html>';
30    response.write(html);
31    response.end();
32   });
33   return true;
34 }
```

Der dritte Teil ist die Funktion zum Hochladen. Auch Sie basiert auf Parametern – speziell dem Feld 'fn' aus dem HTML-Formular. Trickreich ist die Kopierfunktion *copyFile*, die Streams benutzt und besonders effizient ist. Die Funktion ist asynchron programmiert und informiert den Aufrufer über die Rückruffunktion *callback*, wenn die Aktion abgeschlossen ist. Die Funktion *upload* leitet dann auf die Übersichtsseite *show* weiter, sodass sich der Benutzer über den Erfolg der Aktion informieren kann.

**Datei: handler.js (upload)**

```
1  function upload(response, data) {
2    // Hochladen
3    var temp = data.files['fn'].path;
4    var name = data.files['fn'].name;
5    copyFile(temp, path.join('./files', name), function (err) {
6      if (err) {
7        console.log(err);
8        return false;
9      } else {
10       // Dateiliste anzeigen
11       return show(response, data);
12     }
13   });
14   return true;
15 }
```

```
16
17   function copyFile(source, target, callback) {
18       var rd = fs.createReadStream(source);
19       rd.on('error', function (err) { callback(err); });
20       var wr = fs.createWriteStream(target);
21       wr.on('error', function (err) { callback(err); });
22       wr.on('finish', function () { callback(); });
23       rd.pipe(wr);
24   }
25
26   exports.home = home;
27   exports.show = show;
28   exports.upload = upload;
```

Die Daten in data.files['fn'] bieten weit mehr als nur Name und Pfad. So können hier Angaben zum Dateityp, der Dateigröße und dem Datum gefunden werden.

 ### Server- versus Client-Upload

Die hier vorgestellte Version nutzt sogenanntes Server-Upload. Dabei darf der Client alles senden. Der Server legt die Daten in einem temporären Verzeichnis ab und stellt sie dann bereit. Das Server-Skript entscheidet dann, was mit den Daten passiert. Das hat den Nachteil, dass der Benutzer möglicherweise große oder unzulässige Dateien überträgt, lange wartet, und dann eine Fehlermeldung bekommt. Clientseitige Upload-Funktionen lassen sich in JavaScript im Browser programmieren und übertragen nur dann, wenn es sinnvoll und erfolgversprechend ist. Dies wird hier nicht betrachtet.

### Vorlage der HTML-Seite *home.html*

Als letztes soll nochmal die Formularseite vorgestellt werden. Dies dient dazu, zur Seite mit der Liste der Dateien zu verzweigen und sie enthält das Formular zum Hochladen.

Datei: home.html

```
1   <html>
2   <head>
3     <meta http-equiv="Content-Type"
4         content="text/html; charset=UTF-8" />
5   </head>
6   <body>
7     <h1>Dateimanager</h1>
8     <a href="/show">Zeige alle Dateien</a>
9     <hr />
10    <form action="/upload" method="post"
11        enctype="multipart/form-data">
12      <input type="file" name="fn" />
13      <input type="submit" value="Datei hochladen" />
14    </form>
15  </body>
16  </html>
```

Achten Sie auf den Namen des Eingabeelements 'file' – `name='fn'`. Dieser Name muss mit dem im Code benutzten Wert 'fn' übereinstimmen. Wichtig ist auch das folgende Attribut:

`enctype="multipart/form-data"`

Dies erlaubt die Kodierung der Dateien für die Übertragung mit HTTP. Wenn Sie nur Formulardaten verarbeiten möchten, jedoch keine Dateien, dann lassen Sie das Attribut weg.

# 3.9 Zusammenfassung

Dieses Kapitel zeigte eine erste, kompakte Einführung in Node. Soweit möglich, wurden keine zusätzlichen Bibliotheken wie *Express* oder Template-Engines wie *JADE* eingesetzt. Da Node recht einfach ist, mussten einige Aktionen, die durch das Protokoll HTTP bedingt sind, selbst programmiert werden. Dafür gibt es natürlich viele fertige Lösungen. Im nächsten Kapitel werden überblicksweise und an der Dokumentation orientiert die wichtigsten Module von Node vorgestellt, mit denen sich erste Applikationen entwickeln lassen.

# 4. Die wichtigsten Node-Module

Dieses Kapitel zeigt die wichtigstens Module, mit denen elementare Aufgaben in einer Webapplikation erledigt werden können. Es handelt sich dabei um die eigentliche Node-Bibliothek.

## 4.1 Globale Module

Globale Module sind immer vorhanden und müssen nicht vereinbart werden.

### Timer

Zeitgeber abstrahieren weitgehend die von JavaScript standardmäßig angebotenen Möglichkeiten. Nutzen Sie unbedingt die node-Variante, um später keine Probleme mit anderen parallel laufenden Modulen zu bekommen.

### setTimeout

Dieser Befehl vereinbart den Aufruf der Rückruffunktkon nach einem bestimmten Zeitraum in Millisekunden. Optional können Argumente angegeben werden. Die Funktion gibt ein Objekt vom Typ `timeoutObject` zurück, dass mit `clearTimeout()` benutzt werden kann.

Syntax: `setTimeout(callback, delay[, arg][, ...])`

**Echtzeit**

Node ist nicht echtzeitfähig und garantiert nicht, dass
der Aufruf der zeitgesteuerten Rückruffunktion exakt
zum vereinbarten Zeitpunkt erfolgt.

## clearTimeout

Diese Funktion verhindert den Aufruf.

Syntax: `clearTimeout(timeoutObject)`

## setInterval

Auch diese Funktion entspricht der internen JavaScript-Funktion,
läuft aber unter Kontrolle von node ab. Die Rückruffunktion wird
wiederholt nach Ablauf des Intervalls aufgerufen. Die Funktion gibt
ein Objekt vom Typ `intervalObject` zurück, dass mit `clearInterval()` benutzt werden kann.

Syntax: `setInterval(callback, delay[, arg][, ...])`

## clearInterval

Diese Funktion stoppt den wiederholten Aufruf.

Syntax: `clearInterval(intervalObject)`

## unref

Diese Methode wird von den Objekten `timeoutObject` und `intervalObject` angeboten. Wenn eine node-Applikation endet, und sich
noch Zeitgeber in Aktion befinden, wird die Ausführung dennoch
fortgesetzt, bis der letzte Zeitgeber abgelaufen ist. Mit `unref` kann
angezeigt werden, dass die Beendigung der Applikation auch die
übriggebliebenen Zeitgeber stoppt und nicht weiter ausführt. Der

mehrfache Aufruf von unref auf demselben Objekt hat keinen Effekt.

Die Funktion verschiebt den Zeitgeber in die Hauptschleife der Applikation. Zuviele solche Zeitgeber können die Leistung der Hauptschleife beeinflussen. Sie sollten unref daher bewusst und nur falls unbedingt notwendig einsetzen.

## ref

Ein zuvor mit unref in die Hauptschleife verschobener Zeitgeber kann mit dieser Funktion wieder in seinen regulären Zustand überführt werden. Der mehrfache Aufruf hat keine Effekt.

## setImmediate / clearImmediate

Die Methode setImmediate ist ein höher priorisierter Zeitgeber, der nach I/O-Ereignissen auslöst und vor setTimeout und vor setInterval aufgerufen wird. Dieser Zeitgeber gibt ein Objekt immediateObject zurück, das mit clearImmediate() benutzt werden kann. Mehrere Rückruffunktionen werden in einer Warteschlange platziert und in der Reihenfolge abgearbeitet, wie sie definiert wurden. Die Ausführung der Warteschlange erfolgt einmal pro Durchlauf der Hauptschleife der Applikation. Ein neu platziertes Objekt wird also erst dann ausgeführt, wenn die Hauptschleife das nächste Mal durchläuft.

Syntax: setImmediate(callback[, arg][, ...])

clearImmediate stoppt die Ausführung des mit immediateObject bezeichneten Zeitgebers.

Syntax: clearImmediate(immediateObject)

## Globale Objekte

Globale Objekte sind in allen Modulen aktiv. Sie müssen nicht separat vereinbart werden.

## global

Dies ist der globale Namensraum. Eine Variable in JavaScript ist im globalen Namensraum, auch wenn sie mit var definiert wurde, global. In Node ist dies nicht der Fall – der "globale" Namensraum ist immer das aktuelle Modul. Erst durch den expliziten Zugriff auf `global` wird ein globaler Namensraum möglich.

## process

Das Prozess-Objekt zeigt Informationen zum Prozess an.

## console

Mit diesem Objekt besteht Zugriff auf die Konsole.

## Buffer

Das Puffer-Objekt beinhaltet den Umgang mit gepufferten Daten.

## require

Dies Funktion fordert ein Modul an. Diese Funktion ist nicht wirklich global, sondern wird automatisch in jedem Modul lokal vereinbart, sodass sie wie eine globale Funktion immer verfügbar ist.

Die Methode `require.resolve` nutzt den Suchmechanismus für Module, lädt aber im Erfolgsfall das Modul nicht, sondern gibt lediglich den Pfad zurück, unter dem des gefunden wurde. Module können lokal oder global installiert sein, sodass der Fundort durchaus variiert. Mit `require.cache` werden Module in dem Objekt, dass diese Eigenschaft zurückgibt, gecacht. Wenn das Modul aus dem Cache durch Löschen des Schlüssels entfernt wird, wird der nächste Aufruf von `require` das Modul erneut laden.

## __filename

Dies ist der Dateiname der aktuell ausgeführten Code-Datei. Der Name enthält den aufgelösten, absoluten Pfad. Dies muss nicht derselben Pfad sein wie er mit den Kommandozeilenwerkzeugen benutzt wird. Wenn der Aufruf in einem Modul erfolgt, ist das Modul die ausgeführte Code-Datei und der Pfad zeigt zum Modul.

Wenn beispielsweise die Datei *example.js* im Pfad */User/joerg/Apps* ausgeführt wird, gibt der folgende Aufruf */User/joerg/Apps/example.js* zurück:

```
console.log(__filename);
```

__filename ist global nutzbar, wird aber in jedem Modul lokal definiert.

## __dirname

Dies ist das Verzeichnis, in dem die aktuell ausgeführte Datei ist.

Wenn beispielsweise die Datei *example.js* im Pfad */User/joerg/Apps* ausgeführt wird, gibt der folgende Aufruf */User/joerg/Apps* zurück:

```
console.log(__dirname);
```

__dirname ist global nutzbar, wird aber in jedem Modul lokal definiert.

## module

Dies ist eine Referenz zum aktuelle Modul. Die Eigenschaft module.exports wird dazu benutzt, die vom Modul exportierten Funktionen bereitzustellen. Verfügbar gemacht werden diese durch den Aufruf von require().

module ist global nutzbar, wird aber in jedem Modul lokal definiert.

**exports**

Dies ist ein Alias für `module.exports` und verkürzt lediglich den Schreibaufwand.

`exports` ist global nutzbar, wird aber in jedem Modul lokal definiert.

# 4.2 HTTP und HTTPS

Mit den http- bzw. https-Modulen werden nahezu alle Fassetten der Protokolle HTTP und HTTPS unterstützt. Die Kommunikation auf dieser Ebene ist sehr elementar. Frameworks wie *Express* abstrahieren dies und setzen selbst auf *http* auf. Trotzdem kann es für viele Fälle sinnvoll sein, Protokollaktionen direkt auszuführen.

Node kann mit Streams umgehen – also einem fortlaufenden Strom von Bytes. Dies ist weit effektiver als die gesamten Daten für einen Vorgang im Speicher zu halten (Puffer, buffering). Die *http*-Module kümmern sich um das Verarbeiten von Daten mit Streams und erleichtern erheblich die Programmierung.

## Grundlagen

HTTP besteht aus einer Befehlszeile und Kopffeldern, die den Befehl näher beschreiben. In Node werden die Kopffelder als JSON bereitgestellt. Ein entsprechendes Objekt könnte also folgendermaßen aussehen:

```
1  {
2    'content-length': '123',
3    'content-type': 'text/plain',
4    'connection': 'keep-alive',
5    'host': 'mysite.com',
6    'accept': '*/*'
7  }
```

Die Schlüssel werden entsprechend der Spezifikation immer in Kleinbuchstaben konvertiert. Die Werte werden dagegen niemals verändert. Das ist bereits der ganze Eingriff von Node an dieser Stelle. Generell ist Node bei diesem Modul sehr einfach. Weder die Kopffelder noch der Inhalt einer Nachricht werden untersucht, bewertet oder intern behandelt.

Kopffelder, die mehrere Werte haben, nutzen das , (Komma) zum Trennen der Werte. Einzige Ausnahme sind die Kopffelder für Cookies, die ein Array akzeptieren. Wenn Felder nur einen Wert erlauben, kontrolliert Node dies und wirft eine Ausnahme.

Eintreffende oder gesendete Kopffelder werden als unbearbeitetes Objekt bereitgestellt. Dies ist ein Array mit fortlaufenden Paaren von Schlüsseln und Werten. Das sieht etwa folgendermaßen aus:

```
1  [ 'Content-Length', '123456',
2    'content-type', 'text/plain',
3    'CONNECTION', 'keep-alive',
4    'Host', 'mysite.com',
5    'accept', '*/*' ]
```

Umwandlungs- und Kontrollaktionen finden danach statt, sodass die tatsächlich bereitgestellten oder gesendeten Kopffelder davon abweichen können.

## Felder

Dieser Abschnitt beschreibt Felder, die Werte bereitstellen, die auf die interne Konfiguration verweisen.

`http.METHODS` gibt in Form eines Arrays eine Liste der HTTP-Verben zurück, die unterstützt werden. `http.STATUS_CODES` ist ein Array mit den Statuscodes, die HTTP kennt, und dem zugeordneten Kurztext. Für 404 ist dies beispielhaft wie folgt definiert:

```
http.STATUS_CODES[404] === 'Not Found'
```

## Methoden

Die Methoden ermöglichen die entsprechenden Aktionen in Bezug auf die Protokollverarbeitung. `http.createServer` gibt eine neue Instanz des Http-Servers zurück. Damit können HTTP-Anfragen empfangen und verarbeitet werden. Die Syntax sieht folgendermaßen aus:

```
http.createServer([requestListener])
```

Die Rückruffunktion *requestListener* ist eine Methode, die die empfangenen Daten bekommt.

Mit `http.request(options[, callback])` sendet Node eine Anforderung (request) an einen anderen Server. Node ist also in diesem Fall der Client. Node benutzt mehrere Verbindungen, wenn dies möglich ist. Die Methode behandelt dies jedoch intern, sodass Sie beim Programmieren darauf keine Rücksicht nehmen müssen. Folgende Syntax wird benutzt:

```
http.request(options [, callback])
```

Die Optionen können JSON oder eine Zeichenkette sein. Ist es eine Zeichenkette, wird automatisch `url.parse()` eingesetzt, um die Zeichenkette zu parsen. Die Rückrufmethode liefert ein Objekt mit der Antwort (response).

Die Optionen haben folgende Bedeutung:

- *host*: Der Domainname oder die IP-Adresse, wo die Anfrage hingesendet wird. Ohne Angabe ist dies 'localhost'.

- *hostname*: Wird `url.parse()` eingesetzt, sollten Sie statt *host* besser *hostname* nutzen
- *port*: Der Port für die Anfrage. Standard ist der Port 80.
- *localAddress*: Falls Sie über mehrere Netzwerkkarten verfügen, können Sie hiermit anweisen, welche lokale Adresse (Netzwerkkarte mit der entsprechenden Bindung) von Node benutzt werden soll.
- *socketPath*: Unter Unix bezieht sich dies auf Unix Domain Sockets. Dies sind Endpunkte zur Interprozesskommunikation. Sie können dies auf einem lokalen System nutzen oder die 'host:port'-Syntax.
- *method*: Das Verb (HTTP-Methode) in Großbuchstaben. Standardwert ist hier: 'GET'.
- *path*: Der Pfad zur Ressource für die Anforderung, Standardwert ist '/'. Der Pfad sollte den Querystring enthalten, wenn dieser benutzt werden soll, z.B. */index.html?page=12*. Illegale Zeichen führen zu einer Ausnahme.
- *headers*: Ein JSON-Objekt mit der Angabe der Kopffelder.
- *auth*: Die Art der Authentifizierung. Erzeugt das Kopffeld *Authorization*.
- *agent*: Steuert das Verhalten des Clients. Wenn die Angabe erfolgt wird das Kopffeld *Connection: keep-alive* erzeugt. Mögliche Werte für diesen Parameter sind:
  - undefined (default): Globale Angaben für die genannte Kombination aus *host* und *port*
  - Objekt vom Typ `Agent`: Explizite Angabe aller Werte.
  - `false`: Es wird kein Verbindungspool gebildet, jede Anfrage endet mit *Connection: close*.
- *keepAlive*: Die Verbindung wird in einem Verbindungspool offen gehalten, damit andere Verbindungswünsche darauf zu einem späteren Zeitpunkt zugreifen können. Standard ist `false`.
- *keepAliveMsecs*: Wenn *keepAlive* benutzt wird, kann hiermit die Zeit in Millisekunden angegeben werden, nach der ein

TCP-Paket als Lebenszeichen gesendet wird. Der Standard-wert ist 1000.

Die Methode selbst gibt eine Instant der Klasse `http.ClientRequest` zurück. Dies ist ein schreibbarer Stream. Werden für die Anfrage Daten benötigt, beispielsweise weil bei einer POST-Anforderung ein Formular gesendet wird, dann werden diese Daten in diesen Stream geschrieben.

```
var postData = querystring.stringify({
  'msg' : 'Hello World!'
});

var options = {
  hostname: 'www.google.com',
  port: 80,
  path: '/upload',
  method: 'POST',
  headers: {
    'Content-Type': 'application/x-www-form-urlencoded',
    'Content-Length': postData.length
  }
};

var req = http.request(options, function(res) {
  console.log('STATUS: ' + res.statusCode);
  console.log('HEADERS: ' + JSON.stringify(res.headers));
  res.setEncoding('utf8');
  res.on('data', function (chunk) {
    console.log('BODY: ' + chunk);
  });
});

req.on('error', function(e) {
  console.log('problem with request: ' + e.message);
});

req.write(postData);
req.end();
```

Das eigentliche Schreiben erfolgt mit `req.write(postData)`. Die Benutzung von `req.end()` ist hier notwendig, weil der Stream sonst nicht geschlossen wird. Nach dem Beenden können keine weiteren Daten geschrieben werden. Das Anforderungsobjekt *req* kennt ein Ereignis `error`, auf das Sie reagieren können, um Fehler abzufangen. Fehler können auftreten, wenn einer der Vorgänge beim Senden misslingt (DNS-Auflösung, TCP-Fehler, Fehler beim Parsen der Kopffelder usw.).

Wird das Kopffeld *Connection: keep-alive* manuell eingefügt, erkennt Node dies und hält die Verbindung offen, bis die nächste Anfrage gesendet wird.

Wird das Kopffeld *Content-length* gesendet, dann wird die Benutzung von Chunks abgeschaltet. Chunks sind das blockweise Senden von Daten. Die Angabe erfolgt durch das Kopffeld *Transfer-Encoding: chunked*.

Wird ein *Expect*-Kopffeld benutzt, dann werden die Kopffelder sofort gesendet. Nach *Expect: 100-continue* sollten Sie sofort auf das entsprechende Ereignis lauschen (mit Timeout). RFC2616 Section 8.2.3 gibt dazu mehr Informationen.

Wenn das Kopffeld *Authorization* angegeben wird, werden die durch die Option `auth` erzeugten Daten überschrieben.

Mit `http.get` steht eine verkürzte Variante der Methode `request` bereit, die eine Anfrage mittels 'GET' initiiert. Das bei GET keine Daten gesendet werden, wird `req.end()` automatisch erzeugt:

```
http.get(options[, callback])
```

Ein Beispiel zeigt, wie es geht:

```
1   http.get("http://www.google.com/index.html", function(res) {
2     console.log("Got response: " + res.statusCode);
3   }).on('error', function(e) {
4     console.log("Got error: " + e.message);
5   });
```

# Klassen

Einige Klassen liefern weitere Funktionalität.

## http.Server

Der HTTP-Server bietet eine Umgebung, die auf Aktionen des Protokolls mittels Ereignisse reagiert. Die Ereignisse sind:

- 'request': `function (request, response) { }`
  Jede eintreffende Anfrage löst dieses Ereignis aus. Bleibt die Verbindung offen (*Keep Alive*), dann kann es sein, dass mehrere Ereignisse pro Anfrage ausgelöst werden. Der Parameter *request* ist vom Typ `http.IncomingMessage` und *response* ist `http.ServerResponse`.
- 'connection': `function (socket) { }`
  Löst aus, wenn ein TCP-Stream eröffnet wurde. Der Parameter *socket* ist vom Typ `net.Socket`.
- 'close': `function () { }`
  Löst aus, wenn die Verbindung geschlossen wurde.
- 'checkContinue': `function (request, response) { }`
  Dieses Ereignis reagiert auf *Expect: 100-continue*. Wird das nicht behandelt, reagiert der Server automatisch mit *100 Continue*. Erfolgt eine Behandlung, dann muss mit `response.writeContinue()` reagiert werden, wenn Daten gesendet werden sollen. Andernfalls muss die Kommunikation mit *400 Bad Request* oder einem vergleichbaren Verfahren. Wird dieses Ereignis erzeugt und behandelt, wird `request` nicht ausgelöst.

- 'connect': `function (request, socket, head) { }`
  Löst aus, wenn sich der Client mittels HTTP-CONNECT
  verbindet. Der Parameter *request* ist `http.IncomingMessage`.
  Der Parameter *socket* ist vom Typ `net.Socket`. *head* ist
  dagegen eine Instanz von `Buffer`.
- 'upgrade': `function (request, socket, head) { }`
  Bei geöffneter Verbindung wird dieses Ereignis ausgelöst, wenn ein Client die Verbindung upgraden will. Der
  Parameter *request* ist vom Typ `http.IncomingMessage`.
  Der Parameter *socket* ist vom Typ `net.Socket`. *head*
  ist dagegen eine Instanz von `Buffer`. Ein Upgrade ist
  im Prinzip ein Protokollwechsel, z.B. von HTTP 1.1 auf
  HTTP 2.0, auf WebSockets, auf IRC usw. In der Praxis
  ist dies nur für WebSockets relevant, siehe dazu auch
  folgenden Draft[1].
- 'clientError': `function (exception, socket) { }`
  Falls der Client einen Fehler liefert, wird mit diesem
  Ereignis behandelt. Der Parameter *socket* ist vom Typ
  `net.Socket`.

Die Ereignisse werden über die Methode on erreicht:

```
1  var http = require("http");
2  var server = http.createServer();
3
4  server.on("request", function (req, res) {
5      res.end("this is the response");
6  });
7
8  server.listen(3000);
```

## Methoden für http.Server

Das Objekt *server* selbst, das `createServer` erzeugt, verfügt über
einige Methoden, die ebenfalls interessant sind.

---

[1]http://tools.ietf.org/html/draft-ietf-hybi-thewebsocketprotocol-17

Mit `server.listen` beginnt der Server am angegebenen Port und
der entsprechenden Adresse – also dem Socket – zu lauschen. Wird
der Hostname nicht angegeben, wird an allen IP-Adressen auf der
Maschine gelaucht (nur IPv4). Folgende Varianten gibt es:

```
server.listen(port[, hostname][, backlog][, callback])
```

```
server.listen(path[, callback])
```

```
server.listen(handle[, callback])
```

 Auf einem Unix-System kann ein Unix-Socket in
Form des Dateinamens statt dem Hostnamen benutzt werden. Alternativ kann der Socket-Pfad benutzt werden. Die anderen Konfigurationsparameter
entfallen dann. Auf Windows wird dies nicht unterstützt.

Der Parameter *backlog* ist die Länge der Pufferwarteschlange für
eintreffende Verbindungen. Wenn ein Verbindungswunsch eintrifft
und der Vorgehende sich noch in Verarbeitung befindet, dann
nimmt Node diese Anfrage in diese Warteschlange auf. Der Standardwert ist 511 (!sic). Werte bis 1000 sind hier sinnvoll. Zulan-
ge Warteschlangen suggerieren Clients, dass eine Verbindung zu
erwarten ist, während Node kaum in der Lage ist, diese auch zu
verarbeiten.

Wird ein *handle* benutzt, so ist dies ein Objekt, dass einen `Server`
oder ein `Socket` beschreibt.

Die Funktion ist asynchron und arbeitet mit der Rückrufmethode
*callback*.

Mit `server.close` stoppt der Server das Akzeptieren von Verbin-
dungswünschen:

```
server.close([callback])
```

Da Verbindungen möglicherweise nicht zur Verfügung stehen, kann mit `server.setTimeout` ein Wert gesetzt werden, der bestimmt, wielange gewartet wird:

```
server.setTimeout(msecs, callback)
```

Der Wert wird in Millisekunden angegeben. Der Standardwert beträgt 2 Minuten. `server.timeout` gibt den gesetzten Wert wieder.

Mit `server.maxHeadersCount` wird die Anzahl der Kopffelder begrenzt. Standardmäßig sind dies 1000, mit 0 ist der Wert unbegrenzt.

## Die Klasse http.ServerResponse

Eine Instanz dieser Klasse wird intern erstellt. Dies ist der Typ, der durch den Parameter *response* in der Rückruffunktion des Ereignisses `request` übergeben wird. Dies ist das Antwort-Objekt. Es implementiert einen schreibbaren Stream. Dieser arbeitet mit Ereignissen.

'close': `function () { }`
    Zeigt an, dass die Verbindung geschlossen wurde, bevor end in der Lage war, die Daten zu senden. 'finish': `function () { }`
    Wird ausgelöst, wenn die Übertragung der Antwort erledigt ist. Für Node ist dies der Moment der Übergabe an das Betriebssystem. Das heißt nicht zwingend, dass die Daten den Computer verlassen haben oder der Client diese Daten empfangen hat.

Auf eine Instanz dieser Klasse sind vielfältige Operationen möglich. `response.writeContinue` sendet ein *HTTP/1.1 100 Continue* an den Client um ihn aufzufordern, dass die Daten gesendet werden können. Mit `response.writeHead` sendet Node den Kopf – Statuscode plus Kopffelder – an den Client. Der Statuscode ist der dreistellige

HTTP-Code, beispielsweise 200 oder 404. Die Kopffelder können passend dazu angegeben werden. Folgende Syntax ist anwendbar:

```
response.writeHead(statusCode[, statusMessage][, headers])
```

```
1  var body = 'hello world';
2  response.writeHead(200, {
3    'Content-Length': body.length,
4    'Content-Type': 'text/plain' }
5  );
```

Diese Methode darf nur einmal aufgerufen werden und dies muss vor `response.end()` erfolgen.

Alternativ kann mit `response.write()` und `response.end()` gearbeitet werden. Wird `response.write()` benutzt und ist die Antwort noch nicht beendet worden, berechnet Node beim Aufruf von `writeHead` die kumulierten Kopffelder.

### Content-Length

Das Längenkopffeld enthält die Größe in Bytes. Wenn der Text in UTF-8 oder einem anderen Verfahren kodiert ist, ist die nicht die Anzahl der Zeichen. Nutzen Sie `Buffer.byteLength()`, um den richtigen Wert zu ermitteln. Node prüft nicht, ob die Angabe in *Content-Length* passt.

Mit `response.setTimeout` wird der Timeout-Wert in Millisekunden gesetzt:

```
response.setTimeout(msecs, callback)
```

Die Rückruffunktion *callback* wird aufgerufen, wenn die Zeit abläuft. Wenn keine Angabe erfolgt, werden nach Ablauf der Zeit die entsprechenden Objekte für Socket, Server, Response usw. aufgeräumt. Ist aber eine Rückruffunktion vorhanden, so müssen Sie dies in dieser Funktion selbst erledigen.

Mit `response.statusCode` legen Sie fest, welcher Statuscode benutzt wird. Dies ist nicht notwendig, wenn Sie mit `writeHead` arbeiten.

```
response.statusCode = 404;
```

Die Eigenschaft enthält den tatsächlichen Wert nach dem Senden der Antwort.

Legen Sie mit `response.statusMessage` dieser Eigenschaft fest, welcher Statuscode benutzt wird. Dies ist nicht notwendig, wenn Sie mit `writeHead` arbeiten. Die Angabe ist nur sinnvoll, wenn Sie etwas anderes als den Standardtext senden wollen.

```
response.statusMessage = 'Not found';
```

Die Eigenschaft enthält den tatsächlichen Wert nach dem Senden der Antwort.

`response.setHeader` erzeugt ein Kopffeld oder ersetzt ein Kopffeld, falls es schon vorhanden ist in der Liste der zu sendenden Kopffelder. Sollen mehrere Kopffelder erzeugt werden, können Sie ein Array benutzen. Folgende Syntax gilt:

```
response.setHeader(name, value)
```

```
1  response.setHeader("Content-Type", "text/html");
2  response.setHeader("Set-Cookie", ["type=ninja", "language=javascript\
3  "]);
```

Jeder kann mit `response.headersSent` ermittelt werden, ob die Kopffelder bereits gesendet worden sind.

`response.sendDate` ist eine Boolesche Eigenschaft die anzeigt, ob das Kopffeld *Date* erzeugt werden soll. Sollte dieses Kopffeld bereits manuell eingetragen sein, wird der manuelle Eintrag nicht überschrieben.

 In HTTP ist das Kopffeld *Date* ein Pflichtfeld. Sie sollten dies nur zu Testzwecken unterdrücken.

`response.getHeader` list ein Kopffeld, solange es noch nicht gesendet wurde. Nach dem Senden ist kein Zugriff mehr möglich. Der Name berücksichtigt Groß- und Kleinschreibung nicht – intern sind alle Kopffeldnamen kleingeschrieben. Die Syntax dieser Methode ist wie folgt:

`response.getHeader(name)`

```
var contentType = response.getHeader('content-type');
```

`response.removeHeader` entfernt ein Kopffeld, solange es noch nicht gesendet wurde:

```
response.removeHeader("Content-Encoding");
```

Die Methode `response.write` schreibt eine Menge an Daten. Das führt dazu, dass implizit festgelegte Kopffelder gesendet werden, weil diese vor den Daten übertragen werden müssen. Wenn zuvor `response.writeHead()` benutzt wurde, werden die dort definierten Kopffelder benutzt.

`response.write(chunk[, encoding][, callback])`

Die Methode kann mehrfach aufgerufen werden, um Daten blockweise (chunks) zu übertragen. Der Parameter *chunk* kann eine Zeichenkette oder ein Byte-Stream sein. Wenn die Daten eine Zeichenkette sind, bestimmt der Parameter *encoding*, wie diese in Bytes konvertiert werden. Der Standardwert ist 'utf-8'. Die Rückrufmethode *callback* wird aufgerufen, wenn die Daten gesendet wurden.

 Die Methode dient zum Senden von Daten auf unterster Ebene. Es erfolgt hier keine Aufbereitung des Inhalts in irgendeiner Form.

Die Methode gibt `true` zurück, wenn die Daten an den internen Puffer übergeben wurden. `false` wird zurückgegeben, wenn Daten im Speicher verblieben sind. 'drain' wird erzeugt, wenn der Puffer wieder leer ist.

Mit `response.addTrailers(headers)` werden Kopffelder an das Ende der Nachricht angehängt. Das geht nur bei Daten, die in Chunks geliefert werden.

```
response.writeHead(200, { 'Content-Type': 'text/plain',
                          'Trailer': 'Content-MD5' });
response.write(fileData);
response.addTrailers({
  'Content-MD5': "7895bf4b8828b55ceaf47747b4bca667"
});
response.end();
```

Mit `response.end` wird mitgeteilt, dass die Übertragung beendet wird. Diese Methode **muss** immer aufgerufen werden.

`response.end([data][, encoding][, callback])`

Wenn Daten angegeben sind, wird intern `response.write(data, encoding)` aufgerufen. Die Rückruffunktion wird aufgerufen, wenn alle Daten gesendet worden sind.

## Klasse http.ClientRequest

Eine Instanz dieser Klasse wird durch `http.request()` erstellt. Dies ist das Anforderungsobjekt. Die Kopffelder sind danach noch änderbar mit den Methoden `setHeader(name, value)`, `getHeader(name)` und `removeHeader(name)`. Node ist in diesem Fall der Client, der Anfragen an einen anderen Server sendet.

Um die Antwort auf die erzeugte und gesendete Anfrage zu bekommen, übergeben Sie eine Ereignisbehandlungsfunktion für das Ereignis `response`. Das Ereignis gibt eine Instanz der Klasse IncomingMessage zurück. Sollte die Antwort Daten enthalten, kann mit dem Ereignis `data` darauf zugegriffen werden. Alternativ kann

auf das Ereignis `readable` gelauscht werden und dann werden die
Daten aktiv mit `response.read()` gelesen.

 Node prüft nicht, ob die Angaben in *Content-Length*
stimmen und zum Inhalt passen. Verlassen Sie sich
nicht auf diesen Wert!

```
1   var http = require('http');
2   var net = require('net');
3   var url = require('url');
4
5   // Proxy für Tunnel erstellen
6   var proxy = http.createServer(function (req, res) {
7     res.writeHead(200, {'Content-Type': 'text/plain'});
8     res.end('okay');
9   });
10  proxy.on('connect', function(req, cltSocket, head) {
11    // Ursprünglichen Server verbinden
12    var srvUrl = url.parse('http://' + req.url);
13    var srvSocket = net.connect(srvUrl.port, srvUrl.hostname,
14                               function() {
15      cltSocket.write('HTTP/1.1 200 Connection Established\r\n' +
16                      'Proxy-agent: Node-Proxy\r\n' +
17                      '\r\n');
18      srvSocket.write(head);
19      srvSocket.pipe(cltSocket);
20      cltSocket.pipe(srvSocket);
21    }); // Ende function
22  });
23
24  // Proxy läuft jetzt
25  proxy.listen(1337, '127.0.0.1', function() {
26
27    // Anforderung erstellen
28    var options = {
29      port: 1337,
30      hostname: '127.0.0.1',
31      method: 'CONNECT',
32      path: 'www.google.com:80'
33    };
```

```
34
35    var req = http.request(options);
36    req.end();
37
38    req.on('connect', function(res, socket, head) {
39      console.log('got connected!');
40
41      // Anforderung über Tunnel
42      socket.write('GET / HTTP/1.1\r\n' +
43                   'Host: www.google.com:80\r\n' +
44                   'Connection: close\r\n' +
45                   '\r\n');
46      socket.on('data', function(chunk) {
47        console.log(chunk.toString());
48      });
49      socket.on('end', function() {
50        proxy.close();
51      });
52    });
53  });
```

Ein weiteres Ereignis muss gegebenenfalls behandelt werden: upgrade. Die Rückruffunktion hat folgende Signatur:

```
function (response, socket, head)
```

Ein Upgrade ist erforderlich, wenn der Client das Protokoll wechseln möchte, beispielsweise von HTTP 1.1 auf HTTP 2.0 oder auf WebSockets.

```
1   var http = require('http');
2
3   // Create an HTTP server
4   var srv = http.createServer(function (req, res) {
5     res.writeHead(200, {'Content-Type': 'text/plain'});
6     res.end('okay');
7   });
8   srv.on('upgrade', function(req, socket, head) {
9     socket.write('HTTP/1.1 101 Web Socket Protocol Handshake\r\n' +
10                 'Upgrade: WebSocket\r\n' +
11                 'Connection: Upgrade\r\n' +
```

```
12              '\r\n' );
13
14   socket.pipe(socket); // Echo zurück
15 });
16
17 // now that server is running
18 srv.listen(1337, '127.0.0.1', function() {
19
20   // make a request
21   var options = {
22     port: 1337,
23     hostname: '127.0.0.1',
24     headers: {
25       'Connection': 'Upgrade',
26       'Upgrade': 'websocket'
27     }
28   };
29
30   var req = http.request(options);
31   req.end();
32
33   req.on('upgrade', function(res, socket, upgradeHead) {
34     console.log('got upgraded!');
35     socket.end();
36     process.exit(0);
37   });
38 });
```

Das Ereignis continue tritt auf, wenn der Server ein *100 Continue* sendet, was meist eine Reaktion auf die Anforderung *Expect: 100-continue* ist. Dies ist die Aufforderung für den Client, dass die Daten der Nachricht gesendet werden dürfen.

Mit request.flushHeaders() steht eine Methode zur Verfügung, die die Kopffelder aktiv sendet. Normalerweise puffert Node Kopf-felder und sendet diese nicht sofort, wenn sie definiert werden. Die Pufferung dient der Optimierung, sodass alle Kopffelder idealerwei-se in ein TCP-Paket passen. Mit flush() und flushHeaders() wird der Optimierungsmechanismus übergangen.

Das eigentlichen Schreiben der Daten erledigt request.write(chunk[, encoding][, callback]) durch blockweises (chunk) Senden der Daten. Es sollte das Kopffeld *['Transfer-Encoding', 'chunked']* benutzt werden, um der Gegenstelle anzuzeigen, dass mit Blöcken gearbeitet wird.

Das Argument *chunk* kann ein Buffer oder eine Zeichenkette sein. Die Rückruffunktion wird aufgerufen, wenn die Daten gesendet worden sind.

Mit request.end([data][, encoding][, callback]) wird die Anforderung beendet. Wenn Teile der Daten noch nicht gesendet worden sind, wird ein flush erzwungen. Wurden Blöcke benutzt, wird nun die finale Sequenz '0\r\n\r\n' gesendet.

Mit Daten ist das Ergebnis identisch mit dem Aufruf von request.write(data, encoding), gefolgt von request.end(callback). Die Rückruffunktion wird aufgerufen, wenn die Daten gesendet worden sind.

Mit request.abort() kann die Anforderung abgebrochen werden. Mit request.setTimeout(timeout[, callback]) wird der Timeout-Wert festgelegt.

## http.IncomingMessage

Eine eintreffende Nachricht vom Typ IncomingMessage wird durch http.Server oder http.ClientRequest erzeugt. Das Objekt wird als erstes Argument des request- bzw. response-Ereignisses übergeben. Das Objekt implementiert einen lesbaren Stream sowie einige weitere Methoden und Eigenschaften.

Mit dem Ereignise close wird angezeigt, dass die Verbindung geschlossen wurde. Dieses Ereignis kann nur einmal auftreten.

Die Eigenschaft message.httpVersion zeigt an, welche HTTP-Version benutzt wurde. Das ist entweder '1.1' oder '1.0' usw. Zum Zugriff auf die Versionsdetails dienen response.httpVersionMajor und response.httpVersionMinor.

Die Kopffelder lassen sich über `message.headers` auslesen. Kopffelder sind intern immer mit Kleinbuchstaben bezeichnet. Die Ausgabe mittel `console.log(request.headers);` erzeugt etwa folgendes JSON-Objekt:

```
 1   {
 2     'user-agent': 'curl/7.22.0',
 3     host: '127.0.0.1:8000',
 4     accept: '*/*'
 5   }
```

Wenn Sie die Kopffelder direkt, ohne die Behandlung innerhalb von Node, lesen möchten, eignet sich `message.rawHeaders`. Interessant hier ist, dass dies kein Verzeichnis mit Schlüssel-/Wertepaaren ist, sondern ein Array, indem abwechseln die Kopffelder und deren Werte stehen.

```
 1   [
 2     'user-agent',
 3     'this is invalid because there can be only one',
 4     'User-Agent',
 5     'curl/7.22.0',
 6     'Host',
 7     '127.0.0.1:8000',
 8     'ACCEPT',
 9     '*/*'
10   ]
```

Im `end`-Ereignis (und nur dort) lassen sich mit `message.trailers` und `message.rawTrailers` die Trailer einer in Blöcken (chunks) übertragenen Nachricht abfragen. Mittels Trailer werden blockweise übertragene Nachrichten korrekt zusammengesetzt.

Eine zeitliche Begrenzung der Verarbeitung der Nachricht kann mit `message.setTimeout(msecs, callback)` erreicht werden. Die Angabe der Zeit erfolgt in Millisekunden, nach Ablauf wird *callback* aufgerufen.

Das benutzte HTTP-Verb kann der Eigenschaft message.method entnommen werden. In message.url steht der URL der Anforderung. Diese Eigenschaften funktionieren nur, wenn das Objekt von http.Server stammt. Folgender Anforderung soll als Beispiel dienen:

```
GET /status?name=ryan HTTP/1.1\r\n
Accept: text/plain\r\n
\r\n
```

In request.url steht dann: '/status?name=ryan'

Zum Verarbeiten des URL dient parse:

```
var url = require('url');
console.log(url.parse('/status?name=ryan'));
```

Folgende Ausgabe wird erzeugt:

```
{
  href: '/status?name=ryan',
  search: '?name=ryan',
  query: 'name=ryan',
  pathname: '/status'
}
```

Die Verarbeitung des Querystring kann in einem weiteren Schritt erfolgen:

```
var url = require('url');
console.log(url.parse('/status?name=ryan', true));
```

Folgende Ausgabe wird erzeugt:

```
1   {
2     href: '/status?name=ryan',
3     search: '?name=ryan',
4     query: { name: 'ryan' },
5     pathname: '/status'
6   }
```

Der Statuscode, der bei der Beantwortung der Nachricht benutzt wird, steht in `message.statusCode`, der passenden Text dazu in `message.statusMessage`. Der Code ist der dreistellige HTTP-Code, z.B. 404. Dieser Wert ist nur ereichbar, wenn das Objekt von `http.ClientRequest` stammt.

Mittels `message.socket` besteht Zugriff auf das `net.Socket`-Objekt, dass der benutzten Verbindung zugeordnet ist.

## HTTPS

HTTPS ist HTTP, das auf TLS (Transport Layer Security) aufsetzt. Die aktuelle TLS-Version entspricht dem früheren Standard SSL 3.0, TLS ist der Nachfolger von SSL.

Wird HTTPS benutzt, so können Sie mit `request.connection.verifyPeer()` und `request.connection.getPeerCertificate()` die Authentifizierungsdaten des Clients ermitteln.

Der Server wird wie bei HTTP folgendermaßen erstellt:

```
https.createServer(options[, requestListener])
```

```
1   // Abruf: https://localhost:8000/
2   var https = require('https');
3   var fs = require('fs');
4
5   var options = {
6     key: fs.readFileSync('test/fixtures/keys/agent2-key.pem'),
7     cert: fs.readFileSync('test/fixtures/keys/agent2-cert.pem')
8   };
9
10  https.createServer(options, function (req, res) {
11    res.writeHead(200);
12    res.end("hello world\n");
13  }).listen(8000);
14  Or
15
16  var https = require('https');
17  var fs = require('fs');
18
19  var options = {
20    pfx: fs.readFileSync('server.pfx')
21  };
22
23  https.createServer(options, function (req, res) {
24    res.writeHead(200);
25    res.end("hello world\n");
26  }).listen(8000);
```

Die benutzten Methoden und Eigenschaften gleichen weitgehend denen des Moduls 'http'.

```
1   var https = require('https');
2
3   var options = {
4     hostname: 'encrypted.google.com',
5     port: 443,
6     path: '/',
7     method: 'GET'
8   };
9
10  var req = https.request(options, function(res) {
11    console.log("statusCode: ", res.statusCode);
```

```
12    console.log("headers: ", res.headers);
13
14    res.on('data', function(d) {
15      process.stdout.write(d);
16    });
17  });
18  req.end();
19
20  req.on('error', function(e) {
21    console.error(e);
22  });
```

Das Argument *options* hat gegenüber 'http' weitere Optionen:

- 'pfx': Zertifikate, private Schlüssel und Angaben der Zertifikatsautorität (CA). Der Standardwert ist null.
- 'key': Der private Schlüssel. Der Standardwert ist null.
- 'passphrase': Die Passphrase für den privaten Schlüssel. Der Standardwert ist null.
- 'cert': Öffentliches x509-Zertifikate. Der Standardwert ist null.
- 'ca': Eine oder ein Array von Zertifikatsautorität (certificate authority), die angefragt werden, um den Host aufzulösen.
- 'ciphers': Eine Zeichenkette, die die benutzten Chiffren einbindet oder ausschließt. Siehe bei OpenSSL[2], wie dies konstruiert wird.
- 'rejectUnauthorized': Wenn true, wird das Zertifikat gegen die Zertifikatsautorität geprüft. Ein error-Ereignis tritt auf, wenn die Prüfung fehlschlägt. Der Standardwert ist true. Sie sollten dies in Testumgebungen ggf. abschalten. Diese Prüfung findet auf der Ebene des Verbindungsaufbaus statt, noch bevor die HTTP-Anfrage gesendet wurde.
- 'secureProtocol': Die Methode, beispielsweise *TLSv1*. Verfügbare Methoden stehen in SSL_METHODS.

---

[2]http://www.openssl.org/docs/apps/ciphers.html#CIPHER_LIST_FORMAT

```
 1   var options = {
 2     hostname: 'encrypted.google.com',
 3     port: 443,
 4     path: '/',
 5     method: 'GET',
 6     key: fs.readFileSync('test/fixtures/keys/agent2-key.pem'),
 7     cert: fs.readFileSync('test/fixtures/keys/agent2-cert.pem')
 8   };
 9   options.agent = new https.Agent(options);
10
11   var req = https.request(options, function(res) {
12     ...
13   }
```

Sie können dies auch ohne Agent-Objekt nutzen:

```
 1   var options = {
 2     hostname: 'encrypted.google.com',
 3     port: 443,
 4     path: '/',
 5     method: 'GET',
 6     key: fs.readFileSync('test/fixtures/keys/agent2-key.pem'),
 7     cert: fs.readFileSync('test/fixtures/keys/agent2-cert.pem'),
 8     agent: false
 9   };
10
11   var req = https.request(options, function(res) {
12     ...
13   }
```

# 4.3 Umgang mit Dateien und Pfaden

Node kann über die entsprechenden Module direkt auf Dateien zugreifen und alle typischen Operationen auf diesen Dateien sowie auf Pfaden und Ordnern ausführen.

## Zugriff auf das Dateisystem

Der Dateisystemzugriff unter Node erfolgt über das Modul *fs*. Alle Aufrufe können sowohl synchron als auch asynchron erfolgen.

Während für clientseitige Skripte grundsätzlich nur asynchrone Aufrufe sinnvoll sind, kann dies auf dem Server etwas anders betrachtet werden. Da das Ergebnis einer Aktion möglicherweise das Aussenden von JSON oder HTML ist, wird in der Regel ohnehin gewartet, bis das Ergebnis vorliegt. Dabei haben asynchrone Aufrufe keinen Vorteil. Wenn Ihre Umgebung allerdings stark belastet ist und Skripte spürbare Laufzeiten haben, so wird Node nur immer eine Anfrage bearbeiten und dann alle synchronen Aktionen für diese ausführen. Alle anderen Anfragen warten solange. Wartet nun seinerseits ein Skript erheblich auf eine Dateioperation, so wird der Prozess insgesamt verlangsamt.

 ## Synchron oder Asynchron

Sie machen mit asynchronen Aufrufen selten etwas falsch, auch wenn kein spürbarer Effekt auftritt. Programmieren Sie immer asynchron, es sei denn, es gibt eine triftigen Grund es anders zu tun und Sie sind sich über die Ergebnisse im Klaren.

Asynchrone Aufrufe nutzen immer eine Rückruffunktion als letztes Argument. Die Rückruffunktionen haben verschiedene Signaturen. Gemeinsam ist jedoch allen Funktionen, dass das erste Argument der Rückruffunktion ein Ausnahmeobjekt (exception) ist, das Fehler anzeigt. Im Erfolgsfall ist dieses Objekt `undefined` oder `null`, sodass ein einfacher Test mit `if(!exception)` auf Erfolg testet.

Synchrone Aufrufe erzeugen immer sofort eine Ausnahme, wenn ein Fehler auftritt. nutzen Sie hier `try/catch` zum Behandeln der Fehlerzustände.

Hier ein erstes Beispiel für die asynchrone Nutzung:

```
1  var fs = require('fs');
2
3  fs.unlink('/tmp/hello', function (err) {
4    if (err) throw err;
5    console.log('successfully deleted /tmp/hello');
6  });
```

Hier ein dasselbe Beispiel für die synchrone Nutzung (beachten Sie den Suffix *Sync* in Zeile 3):

```
1  var fs = require('fs');
2
3  fs.unlinkSync('/tmp/hello');
4  console.log('successfully deleted /tmp/hello');
```

Asynchrone Aufrufe kehren zu einem nicht deterministischen Zeitpunkt zurück. Wenn Sie mehrere Aufrufe starten, ist die Reihenfolge bei der Rückkehr nicht garantiert. Das folgende Beispiel ist deshalb fehleranfällig:

```
1  fs.rename('/tmp/hello', '/tmp/world', function (err) {
2    if (err) throw err;
3    console.log('renamed complete');
4  });
5  fs.stat('/tmp/world', function (err, stats) {
6    if (err) throw err;
7    console.log('stats: ' + JSON.stringify(stats));
8  });
```

Es kann hier passieren, dass der Aufruf von fs.stat in Zeile 5 erfolgt, bevor bei der vorherigen Aktion in Zeile 1 das umbenennen mit fs.rename abgeschlossen wurde. Deshalb sollten Sie mehrere aufeinander aufbauende asynchrone Aufrufe verketten:

```
fs.rename('/tmp/hello', '/tmp/world', function (err) {
  if (err) throw err;
  fs.stat('/tmp/world', function (err, stats) {
    if (err) throw err;
    console.log('stats: ' + JSON.stringify(stats));
  });
});
```

Sie können beim Aufruf mit absoluten oder relativen Pfaden arbeiten. Wenn Sie mit relativen Pfaden arbeiten, sollte klar sein, dass der Ursprung des aktuellen Verzeichnisses der Prozess ist, in dem das Skript ausgeführt wird. Dies kann mit process.cwd() bestimmt werden. In der Regel ist dies der Node-Core.

Machmal kann es vorkommen, dass Sie die Aktion zwar ausführen, das Ergebnis aber nicht benötigen. Dann können Sie die Rückruffunktion weglassen. Tritt nun aber ein Fehler auf, fehlt der Zugang zum Ausnahmeobjekt. Um dennoch an diese Fehlermeldung zu gelangen, nutzen Sie die Umgebungsvariable NODE_DEBUG. Das folgende Skript zeigt, wie das erfolgt:

**Datei: script.js**

```
function bad() {
  require('fs').readFile('/');
}
bad();
```

Führen Sie das Skript nun folgendermaßen aus:

```
$ env NODE_DEBUG=fs node script.js
```

Es erfolgt folgende Ausgabe:

```
1    fs.js:66
2          throw err;
3                ^
4    Error: EISDIR, read
5        at rethrow (fs.js:61:21)
6        at maybeCallback (fs.js:79:42)
7        at Object.fs.readFile (fs.js:153:18)
8        at bad (/path/to/script.js:2:17)
9        at Object.<anonymous> (/path/to/script.js:5:1)
10       <etc.>
```

Dies gelingt freilich nur, wenn der Pfad wirklich nicht gelesen werden kann – in dem Beispiel wird auf die Root '/' zugegriffen.

## Funktionen für den Dateizugriff

Dieser Abschnitt zeigt die wichtigsten Dateizugriffsfunktionen. Hier werden nur die asynchronen Methoden gezeigt. Die meisten Methoden existieren auch synchron. Sie haben dann den Suffix 'Sync' im Namen (rename versus renameSync). Bei den synchronen Methoden entfällt die Rückruffunktion.

fs.rename(oldPath, newPath, callback) benennt eine Datei um. Mit fs.ftruncate(fd, len, callback) leeren Sie eine Datei. Dabei wird entweder ein Dateibeschreibungsobjekt benutzt oder der Pfad zur Datei.

Die Funktionsgruppe fs.fchown(fd, uid, gid, callback), fs.chown(path, uid, gid, callback) und fs.lchown(path, uid, gid, callback) setzt den Eigentümer einer Datei. Dabei wird entweder ein Dateibeschreibungsobjekt benutzt oder der Pfad zur Datei. Die Gruppe fs.fchown(fd, mode, callback), fs.chown(path, mode, callback) und fs.lchown(path, mode, callback) setzt Rechte auf eine Datei. Dabei wird entweder ein Dateibeschreibungsobjekt benutzt oder der Pfad zu Datei.

 Diese Funktionen sind nur auf Unix-Systemen anwendbar.

Auf Windows nutzen Sie, wenn das Setzen von Rechten erforderlich ist, die Funktion *icacls* auf der Windows-Kommandozeile, z.B. folgendermaßen:
`icacls onlyread.txt /inheritance:r /grant %username%:r`

Mit fs.fstat(fd, callback), fs.stat(path, callback) oder fs.lstat(path, callback) ermitteln Sie Informationen über eine Datei. Die Rückruffunktion hat zwei Argumente, *err* und *stats*. *stats* ist vom Typ fs.Stats. lstat verarbeitet bei symbolischen Links den Link selbst, nicht das Ziel des Links.

Mit fs.realpath(path[, cache], callback) ermitteln Sie den echten Pfad einer Datei.

```
var cache = {'/etc':'/private/etc'};
fs.realpath('/etc/passwd', cache, function (err, resolvedPath) {
  if (err) throw err;
  console.log(resolvedPath);
});
```

Die Methode fs.unlink(path, callback) löscht eine Datei. Mit fs.rmdir(path, callback) wird ein Ordner entfernt. Die Rückruffunktion hat keine zusätzlichen Argumente.

Mit fs.mkdir(path[, mode], callback) wird ein Ordner erzeugt. Der Zugriff auf den Ordner wird mit 0777 (alle haben alle Rechte) festgelegt.

fs.readdir(path, callback) dient dazu, einen Ordner zu lesen und alle Dateien darin als Dateiinformation in ein Array zu legen. Die speziellen Ordner '.' und '..' werden nicht mit aufgenommen.

Die Methode fs.close(fd, callback) schließt eine geöffnete Datei. Die Rückruffunktion hat keine zusätzlichen Argumente. fs.open(path, flags[, mode], callback) öffnet eine Datei dagegen zum Zugriff. Das Argument *flags* hat folgende Bedeutung:

- 'r': Öffnen zum Lesen. Löst eine Ausnahme aus, wenn die Datei nicht geöffnet werden kann.
- 'r+': Öffnen zum Lesen und Schreiben. Löst eine Ausnahme aus, wenn die Datei nicht geöffnet oder beschrieben werden kann.
- 'rs': Öffnet zum synchronen Zugriff und unter Umgehung lokaler Caches. Dies kann bei externen Speichersystemen sinnvoll sein, wirkt sich aber negativ auf die Performance aus.
- 'rs+': Öffnet zum synchronen schreibbaren Zugriff und unter Umgehung lokaler Caches. Dies kann bei externen Speichersystemen sinnvoll sein, wirkt sich aber negativ auf die Performance aus.
- 'w': Öffnet zum Schreiben und wenn die Datei nicht existiert, wird sie erzeugt. Falls sie existiert, wird sie geleert.
- 'wx' - Öffnet zum Schreiben und wenn die Datei existiert, wird eine Ausnahme erzeugt.
- 'w+' - Öffnet zum Lesen und Schreiben und wenn die Datei nicht existiert, wird sie erzeugt. Falls sie existiert, wird sie geleert.
- 'wx+' - Öffnet zum Lesen und Schreiben und wenn die Datei existiert, wird eine Ausnahme erzeugt.
- 'a': Öffnet zum Schreiben und wenn die Datei existiert, werden neue Daten angehängt.
- 'ax': Öffnet zum Schreiben und wenn die Datei existiert, wird eine Ausnahme ausgelöst.
- 'a+': Öffnet zum Lesen und Schreiben und wenn die Datei existiert, werden neue Daten angehängt.
- 'ax+': Öffnet zum Lesen und Schreiben und wenn die Datei existiert, wird eine Ausnahme ausgelöst.

*mode* setzt die Zugriffsrechte, wenn die Datei erzeugt wird. Der Standardwert ist 0666, schreiben und lesen.

Der Zeitstempel einer Datei kann mit `fs.utimes(path, atime, mtime, callback)` bzw. mit `fs.futimes(fd, atime, mtime, callback)` geändert werden.

Das Schreiben von Daten erfolgt mit `fs.write(fd, buffer, offset, length[, position], callback)`. *buffer* liefert die Bytes, *position* die Position, aber der geschrieben wird, *offset* dagegen die Position im Puffer. Die Rückruffunktion gibt die geschriebenen Bytes an, einmal die Anzahl und den Puffer selbst. Alternativ kann `fs.write(fd, data[, position[, encoding]], callback)` benutzt werden.

Das Lesen von Daten erfolgt mit einem Beschreibungsobjekt *fd* mittels `fs.read(fd, buffer, offset, length, position, callback)`:

- *buffer* ist der Puffer, wohin die Daten geschrieben werden.
- *offset* ist der Startpunkt im Puffer.
- *length* ist die Anzahl der zu lesenden Bytes.
- *position* ist die Position in der Datei.

Die Rückruffunktion gibt die Anzahl der wirklich gelesenen Bytes und den Puffer an.

Direkt auf einer Datei wird mit `fs.readFile(filename[, options], callback)` gearbeitet.

```
fs.readFile('/etc/passwd', function (err, data) {
  if (err) throw err;
  console.log(data);
});
```

Das Schreiben auf eine Datei erfolgt mit `fs.writeFile(filename, data[, options], callback)`.

```
1   fs.writeFile('message.txt', 'Hello Node', function (err) {
2     if (err) throw err;
3     console.log('It\'s saved!');
4   });
```

Mittels `fs.appendFile(filename, data[, options], callback)` wird direkt an eine existierende Datei angehängt.

```
1   fs.appendFile('message.txt', 'data to append',
2                   function (err) {
3     if (err) throw err;
4       console.log('The "data to append" was appended to file!');
5     });
```

Die Methode `fs.watch(filename[, options][, listener])` dient dazu, eine Datei auf Umbenennungen hin zu überwachen. Die Methode gibt eine Instanz vom Typ `fs.FSWatcher` zurück.

 ## Plattformabhängigkeit

Diese Methode ist nicht auf allen Plattformen funktionsgleich. Sie nutzt Betriebssystemfunktionen, die sich geringfügig unterscheiden:

- Linux nutzt *inotify*
- BSD nutzt *kqueue*
- OS X nutzt *kqueue* für Dateien und *FSEvents* für Ordner
- Windows nutzt *ReadDirectoryChangesW* (Win32 API)

```
fs.watch('somedir', function (event, filename) {
  console.log('event is: ' + event);
  if (filename) {
    console.log('filename provided: ' + filename);
  } else {
    console.log('filename not provided');
  }
});
```

Es gibt eine Methode `fs.exists(path, callback)` die testet, ob eine Datei existiert. Die Benutzung ist jedoch nicht empfehlenswert.

 ## Vorsicht bei Testfunktionen

Node ist eine Mehrbenutzerumgebung. Wenn ein Prozess Dateien löscht, und ein anderer testet, dann können sich die Prozesse so überschneiden, dass das Löschen unmittelbar nach dem Test mit `exists` stattfindet. Dann suggeriert der Verlauf des Codes, dass die Datei vorhanden ist, was nicht der Fall ist. Dies ist nicht beherrschbar und führt zu sogenannten "race conditions" – Wettlaufsituationen[3]. Besser Sie greifen direkt auf die Datei zu und behandeln Fehler mit `try/catch`-Blöcken.

Mit `fs.access(path[, mode], callback)` testen Sie die Zugriffsrechte eines des aktuellen Benutzers. Die Rückgabe enthält Werte aus einer Liste von Konstanten:

- `fs.F_OK`: Die Datei ist sichtbar – sagt nichts über die Rechte aus.
- `fs.R_OK`: Lesbar.
- `fs.W_OK`: Schreibbar.
- `fs.X_OK`: Ausführbar.

---

[3]https://de.wikipedia.org/wiki/Race_Condition

```
1  fs.access('/etc/passwd', fs.R_OK | fs.W_OK, function(err) {
2    util.debug(err ? 'no access!' : 'can read/write');
3  });
```

## Funktionen zum Umgang mit Streams

Stream verarbeiten Daten byteweise, was meist effizienter ist.

 **Streams**

Streams sind ein Paradigma in der Programmierung. Sie stellen Daten als Sequenz über einen Zeitraum hinweg zur Verfügung. Mehr zur Theorie finden Sie auf Wikipedia[4].

Der Aufruf fs.createReadStream(path[, options]) gibt ein Read-Stream-Objekt zurück. Das Argument *options* hat diese Standard-werte:

```
1  {
2    flags: 'r',
3    encoding: null,
4    fd: null,
5    mode: 0666,
6    autoClose: true
7  }
```

```
1  fs.createReadStream('sample.txt', {start: 90, end: 99});
```

Mit fs.createWriteStream(path[, options]) wird ein Stream zum Schreiben erstellt, das Objekt ist vom Typ WriteStream.

---

[4]https://en.wikipedia.org/wiki/Stream_(computing)

```
1  {
2    flags: 'w',
3    encoding: null,
4    fd: null,
5    mode: 0666
6  }
```

# 5. Einführung in Express

Express ist die Middleware-Komponente einer Node-Applikation. Damit ist die Vermittlungsschicht zwischen dem Client und dem Backend mit seinen Persistenzfunktionen gemeint. Kernaufgabe ist das Routing.

## 5.1 Installation

Voraussetzung für Express ist eine funktionierende Node-Umgebung. Liegt diese vor, können Sie eine erste Applikation erstellen. Der hier gezeigte Ablauf stellt Express bereit, die eigentliche Infrastruktur müssen Sie aber manuell erstellen. Im Abschnitt **Applikationsstruktur** finden Sie Informationen, wie der Express-Generator eingesetzt werden kann, um dies zu vereinfachen.

Zuerst wird ein Ordner für die Applikation geschaffen:

```
1  mkdir SimpleApp
2  cd SimpleApp
```

Mit npm init wird dann eine Datei *package.json* erzeugt. Damit werden die Applikation und ihre Abhängigkeiten beschrieben.

```
1  npm init
```

Die Angaben für die Beschreibungsdatei werden im Dialog abgefragt. In den meisten Fällen ist es in Ordnung die Standards zu übernehmen. Drücken Sie also einfach mehrfach ENTER, außer für die Option entry point. Hier geben Sie folgendes ein:

```
1  entry point: app.js
```

Dies bestimmt, dass die Startdatei, also der Beginn der Applikation, *app.js* ist. Sie können natürlich jeden Namen wählen.

Nun wird Express installiert und in die Liste der Abhängigkeiten (Option --save) aufgenommen. Fügen Sie gegebenenfalls noch die Option -g hinzu, um Express global verfügbar zu machen. Das ist sinnvoll, wenn Sie planen, weitere Projekte mit Node zu entwickeln.

```
1  $ npm install express --save
```

Abbildung: Interaktive Installation (Ubuntu)

# 5.2 Applikationsstruktur

Express liefert eine fertige Applikationsstruktur. Mit der Installation steht nicht nur das Express-Modul bereit, sondern die fertige Ordnerstruktur kann mit nur einem Befehl erstellt werden. Sie müssen dies jedoch nicht nutzen. Es ist durchaus möglich, eine Applikation ganz einfach auf einer einzigen Datei aufbauend zu erstellen.

Bei der Installation im vorherigen Abschnitt wurde bei der Initialisierung gesagt, dass die Startdatei *app.js* lautet. Diese könnte nun folgendermaßen aussehen:

```
1   var express = require('express');
2   var app = express();
3
4   app.get('/', function (req, res) {
5     res.send('Hallo Express!');
6   });
7
8   var server = app.listen(3000, function () {
9     var host = server.address().address;
10    var port = server.address().port;
11
12    console.log('Ich höre auf http://%s:%s', host, port);
13  });
```

Hier wird zuerst Express selbst eingebunden und mit dem Konstruktor-Aufruf eine Applikation *app* erstellt. Dann wird eine Route festgelegt, sie Stammroute "/". Alle anderen Aufrufe führen zu einem HTTP-Fehler 404 (Nicht gefunden). Dann wird der Endpunkt bestimmt, hier der Port 3000 auf dem lokalen System (Zeile 8). Trifft nun ein HTTP-Request ein, wird die Funktion der passenden Route ausgeführt. Im Beispiel wird dann der Text "Hallo Express!" ausgegeben. HTML gibt dieses Skript noch nicht zurück, dies muss alles separat erledigt werden. Es handelt sich jedoch bereits um eine korrekte HTTP-Kommunikation

## Der Express-Generator

Zum Erzeugen einer Applikation kann der Express-Generator eingesetzt werden. Dieser steht als weiteres NPM-Paket zur Verfügung.

```
$ npm install express-generator -g
```

Der Generator verfügt über einige Optionen, erzeugt aber auch ohne weitere Angaben eine sinnvolle Umgebung.

Tabelle: Optionen des Express-Generators

| Option | Bedeutung |
| --- | --- |
| -v, −version | Version |
| -e, −ejs | EJS-Engine (siehe www.embeddedjs.com) |
| -hbs | Handlebars-Engine |
| -H, −hogan | Hogan-Engine (www.hogan.js) |
| -c, −css [CS] | CSS-Precompiler |
| -f, −force | Erzwinge Dateien in nicht-leeren Ordnern |

Die Standard-Template-Engine ist Jade.

Der CSS-Precompiler kann einer der folgenden sein (Name und in Klammern die zu benutzende Option (option)):

- LESS (less)
- Stylus (stylus)
- Compass (compass)
- SASS (sass)

Ohne Angabe wird einfaches CSS erwartet.

## LESS oder SASS

In diesem Werk wird mit LESS (*http://lesscss.org*) ge-arbeitet. Prinzipiell ist das egal, wenn Sie bereits einen Favoriten haben, nutzen Sie diesen. Wenn beides neu ist, dann werden Sie mit LESS möglicherweise etwas glücklicher am Anfang, da es einfacher und weiter verbreitet ist (das heißt mehr Quellen zum Lernen und weniger Aufwand). Profis greifen dagegen oft zu SASS (*http://sass-lang.com*).

Der Generator erzeugt auch das Stammverzeichnis der Applikation, sodass Sie am besten im übergeordneten Verzeichnis beginnen:

```
1  express PortalApp
2  cd PortalApp
3  npm install
```

Mit dieser Befehlsfolge wird eine Applikation mit dem Namen **PortalApp** im Ordner *PortalApp* erstellt. Nun wird die Applikation im Debug-Modus gestartet:

```
set DEBUG=PortalApp & npm start
```

Die Standardadresse ist *http://localhost:3000*. Der Webserver basiert auf Node und weitere Einstellungen am Betriebssystem sind nicht erforderlich. Sie müssen hier weder IIS noch Apache oder sonst einen Server bereitstellen – es funktioniert, einfach so.

 ## Windows

Unter Windows werden Sockets für HTTP-Kommunikation vom Kernel-Treiber *http.sys* bereitgestellt. Node registriert den Port 3000 dort. Das gelingt nur, wenn der Port frei ist. Es kann also passieren, das Node mit einem ebenfalls installierten und aktiven IIS oder Apache-Webserver kollidiert.

 ## Nur zum Start

Es ist sinnvoll, mit der vom Generator erzeugten Struktur zu beginnen und erst zu einem späteren Zeitpunkt Modifikationen daran vorzunehmen, wenn der Bedarf dafür da ist.

Folgende Struktur entsteht standardmäßig:

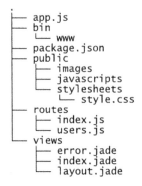

```
├── app.js
├── bin
│   └── www
├── package.json
├── public
│   ├── images
│   ├── javascripts
│   └── stylesheets
│       └── style.css
├── routes
│   ├── index.js
│   └── users.js
└── views
    ├── error.jade
    ├── index.jade
    └── layout.jade
```

**Abbildung: Struktur, die der Generator anlegt**

# 5.3 Routing in Node-Applikationen

Das Routing stellt einen Zusammenhang zwischen einem URL und einer ausführenden Instanz (Methode oder Modul) her. Immer wenn eine Applikationen mehr als eine Seite ausliefert, kommt Routing ins Spiel. Das trifft auch auf Single-Page-Applikationen (SPA) zu. Denn beim Stand heutiger Browser sind Sie gut beraten, wenn nicht alles in eine einzige Seite gepresst wird. Das grobe Raster der Applikation ist besser in mehreren serverseitigen Modulen aufgehoben, die ihrerseits jeweils gut als SPA ausgeführt werden können.

Das Routing kommt natürlich zu ganz anderer Bedeutung, wenn keine SPA erstellt wird. Dann geht es praktisch darum, die Auslieferung jeder einzelnen Seite zu steuern. Neben den Seiten ansich kümmert sich das Routing dann auch um die Parameter, die als Teil des URL mitgeliefert werden und den ausführenden Methoden zugeführt werden müssen.

# Routing in Express

Wenn mehr Seiten einer Applikation hinzugefügt werden, werden mehr Routen benötigt. Dazu dient der Express Router. Dieser wird hier noch umfassend behandelt. Routen liefern aber nicht nur fertige Seiten aus. Wird ein Teil der Applikation im Single Page-Stil (SPA) entwickelt, nutzen Sie Express, um die Routen für ihre clientseitig programmierten Abrufe zu erstellen. Dies kann beispielsweise mit AngularJS erfolgen. Express bildet dann ein RESTful-Backend für AngularJS ab.

 **RESTful**

Mit RESTful ist eine vollständig auf REST basierende Schnittstelle gemeint. Es werden also alle typischen Vorgänge in Bezug auf Ressourcen – Lesen, Ändern, Erzeugen und Löschen – über die passenden HTTP-Befehle abgewickelt.

Wenn Sie REST noch nicht kennen, sei das Grundlagenbändchen der Reihe 'Jörgs Webbändchen' empfohlen, das diese Grundlagen behandelt.

Erst die Kombination von serverseitiger Technologie und clientseitigen Elementen macht eine moderne Webapplikation aus.

## Der Express Router

Der Express Router ist ein reines Routingmodul ohne viele Extras. Es gibt keine explizite Unterstützung von Views oder vordefinierte Einstellungen. Es gibt aber rudimentäre APIs wie use( ), get( ), param( ) und route( ). Es gibt verschiedene Möglichkeiten, den Router zu benutzen. Die Nutzung von get( ) ist dabei nur eine Variante. Die folgende Beispielapplikation nutzt diese und einige andere Techniken. Am Ende des Texts finden Sie eine vollständige Beschreibung der gesamten API.

**API**

API steht für *Application Programming Interface* und
bezeichnet eine klar definierte Schnittstelle, über die
Applikationen auf Funktionen einer Bibliothek oder
eines Rahmenwerks zugreifen können.

# 5.4 Eine Beispielapplikation

Die Beispielapplikation verfügt über einige Techniken, die in der
Praxis sinnvoll eingesetzt werden können:

- Einfache Routen, z.B. zur Homepage
- Abschnittsweise Routen, z.B. für den Admin-Bereich
- Nutzung der Middleware für die Protokollierung
- Verwendung von Parametern
- Nutzung der Middleware zur Validierung von Parametern
- Implementierung einer Anmeldefunktion mit Unterscheidung
  von GET und POST
- Validierung eines Parameters für eine bestimmte Route

Nun wurde bereits mehrfach der Begriff Middleware benutzt. Doch
um was handelt es sich dabei eigentlich im Zusammenhang mit
Express?

## Middleware – die Vermittlerschicht

Der Name Middleware ist trefflich gewählt. Die hier platzierten
Funktionen werden nach dem Eintreffen der Anfrage vom Client
und vor der Weiterleitung zur Beantwortung ausgeführt. Sie haben
also maßgeblichen Einfluss auf die Verarbeitung der Anfrage. Eine
Anwendung ist die Protokollierung von Anfragen. Diese finden

in der Middleware statt, ohne Rücksicht auf die Arbeitsweise der anderen Komponenten – transparent und im Hintergrund.

 **Middleware**

Middleware (Diensteschicht oder Zwischenanwendung) bezeichnet in der Informatik anwendungsneutrale Programme, die zwischen Anwendungen vermitteln, um die Komplexität dieser Applikationen und ihrer Infrastruktur zu verbergen. Sie können Middleware als eine Art Verteilungsplattform ansehen. Eine Middleware unterstützt die Kommunikation zwischen Prozessen. In Express ist die Middleware der Vermittler zwischen Anfrage und Antwort.

## Grundlegende Routen

Die Route zur Homepage wurde bereits definiert. Diese wie alle anderen Routen werden in der Datei *app.js* definiert. Diese Datei ist im Projekt der beste Platz, solange die Anzahl der Routen überschaubar ist. Da bei einer Single-Page-Applikation (SPA) nur das grobe Raster der Routen auf dem Server ausgeführt wird, ist dies in Ordnung. AngularJS kümmert sich dann um die Routen auf der Clientseite und regelt die Abfrage spezifischer Teil-Sichten mittels Parametern.

Definierte Routen reagieren auf spezifische Pfade und HTTP-Verben wie GET, POST, PUT/PATCH oder DELETE. Das funktioniert – mit oder ohne RESTful-Aktionen – solange nur eine Handvoll Routen benötigt werden.

Nun kann es vorkommen, dass doch komplexere Routen erforderlich werden. Komplexe Websites haben nicht nur einen Bereich, sondern auch Backend-Funktionen, Administrationsbereiche, Im- und Export, Reporting und vieles mehr. Jeder Bereich kann über unzählige Routen verfügen.

## Vereinfachung der Beispiele

Die folgenden Beispiele senden lediglich einfache Daten anstatt vollständiger Views zurück, um den Code lesbarer zu gestalten. Ersetzen Sie die Rückgaben durch entsprechende View-Aufrufe in der Praxis. Ausgangspunkt ist die Funktion express.Router().

Die Funktion express.Router() realisiert eine Art Mini-Applikation. Sie erzeugen damit eine Instanz des Routers und definieren für diese Instanz einige Routen.

**Listing: app.js**

```
1   // Die Applikationsinstanz wird gebildet
2   var express = require('express');
3   var app = express();
4
5   // Eine neue Instanz des Routers wird erstellt
6   var adminRouter = express.Router();
7
8   // Die Admin-Site (http://localhost:3000/admin)
9   adminRouter.get('/', function(req, res) {
10    res.send('Startseite des Admin-Bereichs!');
11  });
12
13  // Die Benutzer-Site (http://localhost:3000/admin/users)
14  adminRouter.get('/users', function(req, res) {
15    res.send('Alle Benutzer anzeigen!');
16  });
17
18  // Die Artikel-Seite (http://localhost:3000/admin/article)
19  adminRouter.get('/article', function(req, res) {
20    res.send('Alle Artikel anzeigen!');
21  });
22
23  // Zuweisen der Routen an die Applikation
24  app.use('/admin', adminRouter);
25
26  // Der Server
27  var server = app.listen(3000, function() {
```

```
28    console.log('Server gestartet');
29    });
```

Die Routen werden quasi isoliert erstellt und dann als Gruppe der Applikation zugewiesen. Die Pfade werden dabei addiert. Der Stammpfad wird durch die Methode use bestimmt. Die Anweisung könnte auch folgendermaßen aussehen:

```
app.use('/app', router)
```

Solche Miniapplikationen lassen sich mehrfach zuweisen und damit allein gewinnen Sie einiges an Übersichtlichkeit. Logisch getrennte Bereiche, wie beispielsweise Views und REST-API lassen sich nun auch im Quellcode sauber auseinanderhalten.

## Die Router-Middleware (router.use())

Generell greift die Middleware *vor* der eigentlichen Verarbeitung ein. Dies ist sinnvoll für eine Reihe von Aufgaben:

- Authentifizierung
- Autorisierung
- Protokollierung
- Cache

**Infrastruktur nutzen!**

Vor allem Aufgaben wie die Authentifizierung sollten niemals im Benutzer-Code stattfinden, sondern von der Infrastruktur abgedeckt werden.

Die Definition der Funktionen erfolgt in eben der Reihenfolge wie sie später benutzt werden. Die Einrichtung erfolgt nach der Erstellung der Applikation und vor dem Zuweisen der Routen. Dass folgende Beispiel zeigt, wie sämtliche Anfragen auf der Konsole ausgegeben werden.

```
1  // Funktion, die auf jede Anfrage reagiert
2  adminRouter.use(function(req, res, next) {
3    // Konsolenausgabe
4    console.log(req.method, req.url);
5    // Weiter mit der regulären Verarbeitung
6    next();
7  });
```

Entscheidend ist der Aufruf der Methode next(). Damit wird
Express mitgeteilt, dass die Methode abgearbeitet wurde und mit
der regulären Verarbeitung fortgesetzt werden kann. adminRou-
ter.use() definiert die Middleware-Funktion. Die eigentliche Funktionalität ist selbst zu implementieren und damit reines JavaScript.

Die Reihenfolge der Anmeldung der Funktionen bestimmt auch die
Reihenfolge der Verarbeitung. Nach der Route ist kein Platz für die
Middleware-Funktionen, weil die Verarbeitung der Anfrage dort
mit dem Aussenden der Daten endet.

## Routen strukturieren

Bisher wurde bereits gezeigt, wie Routen abschnittsweise vergeben
werden können. Die Vorgehensweise ist bei den meisten Projekten
ähnlich. Die Startseite mit ihren wichtigsten Links ist ein Bereich,
die Administration ein anderer. Eine API – RESTful oder nicht
– sollte immer separat geführt werden. Damit haben Sie genug
Spielraum, um bei Erweiterungen nicht die Übersicht zu verlieren.
Die Festlegung der Bereiche sieht dann so aus:

```
1  app.use('/', basicRoutes);
2  app.use('/admin', adminRoutes);
3  app.use('/api', apiRoutes);
```

## Routen mit Parametern (/hello/:id)

Der Aufruf einer Seite alleine reicht meist nicht aus. Werden Daten
aus Datenbanken abgerufen, müssen Parameter übertragen werden.

Der Aufbau der URL ist nahezu beliebig. Sie müssen allerdings die Grenzen von HTTP beachten. Die Länge einer URL ist auf 2000 Zeichen begrenzt. Außerdem lädt eine komplexe URL zum Spielen ein, die Angaben sind bei den meisten Browsern klar sichtbar und leicht zu manipulieren. Je komplexer die URL desto höher ist der Aufwand für die Validierung der Parameter.

Wenn Sie Daten aus Datenbanken abrufen, bietet es sich an alle Abrufe auf den Primärschlüssel zu beschränken. Das führt in der Geschäftslogik möglicherweise dazu, das Daten aus verbundenen Tabellen oder Dokumenten erneut geladen werden. Im Ausliefern solcher Anfragen sind Datenbanken aber richtig gut und die Vereinfachung bei der Gestaltung des Servercodes ist fast immer wertvoller. Nennen Sie ihren primären Parameter dann konsequenterweise immer *id*.

In der Beschreibung der Route werden Parameter mit einem Doppelpunkt eingeleitet:

```
1  adminRouter.get('/users/:id', function(req, res) {
2    res.send('Benutzer-ID: ' + req.params.id + '!');
3  });
```

Der Router erkennt dies und überträgt die Werte in ein Objekt mit dem Namen *params*, das Teil des Anforderungsobjekts *req* ist. Dort stehen die Parameter als Eigenschaften zur Verfügung. Die URL für dieses Beispiel sieht folgendermaßen aus:

*http://localhost:3000/admin/users/123*

Der Pfad-Abschnitt *admin* wurde im Router selbst definiert, der spezifische Pfad legt *user* fest und *123* wird an die Eigenschaft *id* übergeben. Der Doppelpunkt dient der Erkennung und ist nicht Teil des Pfades.

Durch die hohe Anfälligkeit für Manipulationen müssen Parameter immer validiert werden. An dieser Stelle kommt wieder die Middleware-Schicht ins Spiel. Sie stellt eine Methode param() zur

Verfügung, der die Parameter übergeben werden, bevor sie der Verarbeitung zugeführt werden.

## Router-Middleware für Parameter (.param)

Die Funktion `param()` bildet die Parameter für eine bestimmte Route ab. Auch dieser Aufruf muss vor der Abarbeitung der Anforderung stehen. Innerhalb der Funktion können dann die Parameter untersucht, modifiziert oder sonstwie behandelt werden.

Das folgende Beispiel zeigt, wie der Parameter *id* geprüft wird:

Listing: param_sample.js

```
adminRouter.param('id', function(req, res, next, name) {
  console.log('Validierung für ID ' + id);
  var id = Number(req.params.id);
  if (!id){
    // Fehlerbehandlung
  } else {
    // Ablage des geprüften Wertes
    req.id = id;
    // Weiter mit Verarbeitung
    next();
  }
});

adminRouter.get('/users/:id', function(req, res) {
  res.send('ID: ' + req.id + '!');
});
```

Eine gültige URL ist hier:

*http://localhost:3000/admin/users/123*

Wie die Fehlerbehandlung hier aussieht, hängt wieder von der Aufgabenstellung ab. Eine Website für (menschliche) Benutzer verlangt sicher andere Reaktionen als eine RESTful-API, die möglichweise auf technische Fehler reagieren muss.

## Mehrere Routen (app.route())

Die Funktion `app.route()` ist ein direkter Aufruf des Routers und entspricht dem Aufruf `express.Router()`. Die Funktion verfügt aber außerdem über die Möglichkeit mehrere Routen in einem Schritt zu erstellen und mehrere Aktionen über eine Route abzubilden. Das letzte vermeidet, dass bei hunderten Aktionen ebenso viele Routen erstellt werden müssen.

Im folgenden Beispiel wird eine Route */login* definiert. Auf diese reagieren zwei Methoden. Einmal wird das Verb GET ausgewertet, einmal POST.

Listing: login_sample.js

```
app.route('/login')
   .get(function(req, res) {
      res.send('Das Anmeldeformular.');
   })
   .post(function(req, res) {
      console.log('Anmelden');
      res.send('Anmeldung verarbeitet!');
   });
```

*app* ist im Beispiel das zentrale Applikationsobjekt und die Definition erfolgt überlicherweise in der Datei *app.js*.

Die Vorgehensweise ist typisch für alle Arten von Formularen. Wird die Seite im Browser mit *http://localhost:3000/login* aufgerufen, erzeugt der Browser eine GET-Anfrage. Der Benutzer sieht das Formular und füllt es aus. Er sendet es dann mit der Sende-Schaltfläche (submit) ab. Der Browser erstellt nun eine POST-Anfrage und fügt die Formulardaten an.

 ## Wo ist das HTML?

Im Beispiel wird das benötigte HTML nicht gezeigt, um das Listing klein zu halten. Schreiben Sie einfach ein Standardformular mit HTML – es gibt keine Besonderheiten für die Verarbeitung mit Express.

Man spricht nun von Aktionen einer Route. Im letzten Beispiel waren es zwei Aktionen. Eine RESTful-API könnte noch auf weitere Verben mit derselben Route reagieren.

# 6. Einführung in Pug

*Pug* ist eine Template-Engine für Express, der Middlware- und Routing-Lösung für Node.js. Sie ist der Standard für Express. Wenn Sie sich also intensiv mit Node.js und Express auseinandersetzen, führt kein Weg an *Pug* vorbei.

## 6.1 Übersicht

*Pug* nutzt eine vereinfachte Darstellung der HTML-Seite durch simple Textbefehle. Praktischerweise entsprechen diese den Namen der HTML-Tags. Da HTML eine Hierarchie aufbaut und *Pug* keine schließenden Tags kennt, muss die Baumstruktur anders entstehen. *Pug* nutzt dazu Einrückungen im Texteditor. 2 Leerzeichen zeigen an, dass das folgende Element ein Kindelement ist.

### Editor einrichten

Damit *Pug* funktioniert, muss der Texteditor auf eine Einrückung durch die TAB-Taste von 2 Zeichen eingestellt werden.

### Vorbereitung

*Pug* setzt voraus, dass Sie mit *node.js* arbeiten und die Middleware *Express* nutzen. Der einfachste Weg zu einer funktionierenden Umgebung geht über ein schrittweises Abarbeiten der Bausteine einer node.js-Installation. Dies wurde in den vorangegangenene Kapiteln bereits hinreichend beschrieben. Steht die Umgebung bestehend aus

Node und Express, steht der Beschäftigung mit *Pug* nichts mehr im
Weg.

Abbildung: Beschreibung der Applikation

Legen Sie in dem neu erstellten Applikationsverzeichnis, z.B. *Pug*,
eine Datei mit dem Namen *index.js* an. Sie hat folgenden Inhalt:

```
var express = require('express');
var app = express();

app.get('/', function (req, res) {
  res.send('Hallo Express!');
});

var server = app.listen(3000, function () {});
```

Starten Sie nun den Node-Server:

```
npm start
```

```
joerg@joerg-DevMachine:~/Apps/Jade$ npm start

> Jade@0.0.0 start /home/joerg/Apps/Jade
> node ./index.js
```

Abbildung: Start der Applikation

Geben Sie nun im Browser auf dem Entwicklungssystem folgende
URL ein: *http://localhost:3000*. Sie sollten dann die "Hallo Express!"-
Ausgabe sehen.

Hallo Express

Abbildung: Ausgabe der Seite

# 6.2 Applikationsstruktur

Express bietet eine Reihe spannender Funktionen. Ich will hier
jedoch nur auf *Pug* eingehen und deshalb ist das manuelle Erzeugen
und nutzen einer View einfacher. Lesen Sie "Jörgs Webbändchen"
zu Express, um mehr über die Applikationsstruktur herauszufinden.

Die einfachste Nutzung von *Pug* besteht aus zwei Bausteinen. Zum
einen die erste View, *index.pug*:

**Datei: index.pug**

```
1  doctype html
2  html(lang='en')
3    head
4      title= title
5    body!= body
6      h1= title
```

Zum anderen wird das "Hallo Express"-Beispiel so verändert, dass
nun statt des statischen Texts die View benutzt wird:

Datei: index.js

```
 1   var express = require('express');
 2   var app = express();
 3   app.set('view engine', 'pug');
 4
 5   app.get('/', function (req, res) {
 6     res.render('index', {
 7       title: 'Hallo pug!'
 8     });
 9   });
10
11   var server = app.listen(3000, function () {});
```

Zum einen wird hier *Pug* als Standard vereinbart, sodass keine Dateierweiterung angegeben werden muss und das passende Modul vorab geladen werden kann. Dies passiert durch:

```
app.set('view engine', 'pug');
```

Dann wird statt res.send die Funktion res.render benutzt. Der erste Parameter ist der Name der View, der ohne Pfad (standardmäßig wird im *view*-Ordner gesucht) und ohne Dateierweiterung (standardmäßig wird nun *pug* benutzt) angegeben werden kann. Der zweite Parameter ist ein Objekt, dass lokale Variablen für die View bestimmt. Jede Eigenschaft des Objekts wird als lokale Variable bereitgestellt. Im Beispiel ist das der Wert *title*.

## 6.3 *Pug*-Views

Statt HTML schreiben Sie ab jetzt die Ansichtsseiten in pug. Noch einmal das eben benutzte Beispiel:

Datei: index.pug

```
1  doctype html
2  html(lang='en')
3    head
4      title= title
5    body!= body
6      h1= title
```

Auf jeder Zeile der View steht zuerst ein HTML-Tag. Statt der Schreibweise in XML-Form (`<title></title>`) nimmt *Pug* hier eine vereinfachte Darstellung.

```
title= title
```

Der linke Teil ist das HTML-Element. Es folgt ein Gleichheitszeichen, dass die Kodierung bestimmt, also die Behandlung von HTML-spezifischen Entitäten wie `<` oder `>`. Dann folgt JavaScript. Da eine lokale Variable mit dem Namen `title` vereinbart wurde, wird dieser Ausdruck hier hingeschrieben. Analog funktioniert das mit `h1`, dass unterhalb des `body`-Elements steht. Der Umgang mit `body` zielt darauf ab, dass Views üblicherweise auf Stammseiten (Layout- oder Master-Seiten) basieren und der eigentliche Inhalt über die Variable `body` (rechts im Ausdruck) zugeordnet wird. Da HTML aus einer Seite direkt übernommen werden soll, wird der Operator `!=` benutzt, der nicht codiert.

## Hallo Jade!

Abbildung:Ausgabe durch die View

## Umgang mit Teil-Ansichten

Teil-Ansichten (partial views) erlauben das Strukturieren von Views. Eine *Pug*-View sieht beispielsweise folgendermaßen aus:

Datei: index.pug

```
1   doctype html
2   html(lang='en')
3     head
4       title= title
5     body!= body
6       include navigation
7       h1= title
```

Mit dem Befehl include wird eine weitere View eingebunden,
*navigation.pug*. Beachten Sie, dass diese ohne Anführungszeichen
und Klammern angegeben wird.

Diese Navigation wird nun in einer weiteren Datei erstellt: *views/-
navigation.pug*:

Datei: navigation.pug

```
1   div#navigation
2     a(href='/') home
```

# Hallo Jade!

Abbildung

## Umgang mit Layout-Seiten

Eine Layout-Seite ist ein Master, eine Stammseite deren Inhalte von
Inhaltsseiten bestimmt werden. Das entspricht der Layout-Seite in
ASP.NET MVC oder der Master-Seite in ASP.NET.

Eine Layout-Seite sieht beispielsweise folgendermaßen aus:

**Datei: index.pug**

```
1  doctype html
2  html(lang='en')
3    head
4      title= title
5      body!= body
6      include navigation
```

Dies unterscheidet sich in kaum von dem vorherigen Beispiel. Lediglich das h1-Element am Ende fehlt.

Im nächsten Schritt wird die Inhaltsseite erstellt. Sie heißt *views/-content.pug*:

**Datei: content.pug**

```
1  extends index
2
3  h1= title
4    a(href='http://www.joergkrause.de/') Jörg &lt;Is A Geek&gt; Krause
```

Sie verweist auf die Layout-Seite. Nun wird das Startskript angepasst, denn *Pug* rendert zuerst die Inhaltsseite, die ihrerseits die Layout-Seite aufruft.

**Datei: index.js**

```
1  var express = require('express');
2  var app = express();
3  app.set('view engine', 'pug');
4
5  app.get('/', function (req, res) {
6    res.render('content', {
7      title: 'Hallo Pug!'
8    });
9  });
10
11  var server = app.listen(3000, function () {});
```

Beachten Sie die res.render-Funktion, die nun *content* statt vorher *index* aufruft (Zeile 5).

Jetzt kann der node-Server gestartet werden (im Ordner wo die Datei *package.json* steht):

**npm start**

Soweit der Standardport nicht anderweitig vergeben wurde zeigt der Browser die gerenderte HTML-Seite nun an:

*http://127.0.0.1:3000/*

Der Einstiegspunkt ist der Aufruf von *res.render* mit dem Argument der Inhaltsseite, *content.pug*. Die Engine sorgt dann für das Laden der Layout-Seite und die Verarbeitung. Der gesamte Vorgang findet also auf dem Server statt.

**Abbildung: Ausgabe mit Layout-Seite**

Dabei fällt auf, dass die Navigation verschwunden ist. Das ist das normale Verhalten. Denn nun wurde der Inhalt des body-Elements tatsächlich durch eine Inhaltseite geliefert und damit wird der statische Inhalt überschrieben. Freilich gibt es hier einige Optionen, dieses Verhalten zu verändern. Dies wird in der Sprachreferenz genau beschrieben.

# 7. Sprachbausteine von Pug

Im Folgenden finden Sie eine systematische Sprachübersicht. Der Einstieg in die online verfügbaren Informationen ist auf Github[1] zu finden.

## 7.1 Doctype

Der typische HTML 5-Doctype wird direkt folgendermaßen geschrieben:

```
1    doctype html
```

Das erzeugte HTML sieht dann folgendermaßen aus:

```
1    <!DOCTYPE html>
```

### Kurzschreibweisen

Wegen der häufigen Nutzung von Doctypes gibt es ein paar Kurzschreibweisen.

```
1    doctype html
```

Das erzeugte HTML sieht dann folgendermaßen aus:

```
1    <!DOCTYPE html>
```

---

[1]https://github.com/Pugjs/Pug

```
1   doctype xml
```

Das erzeugte HTML sieht dann folgendermaßen aus:

```
1   <?xml version="1.0" encoding="utf-8" ?>
```

```
1   doctype transitional
```

Das erzeugte HTML sieht dann folgendermaßen aus:

```
1   <!DOCTYPE html PUBLIC "-//W3C//DTD XHTML 1.0 Transitional//EN" "http\
2   ://www.w3.org/TR/xhtml1/DTD/xhtml1-transitional.dtd">
```

```
1   doctype strict
```

Das erzeugte HTML sieht dann folgendermaßen aus:

```
1   <!DOCTYPE html PUBLIC "-//W3C//DTD XHTML 1.0 Strict//EN" "http://www\
2   .w3.org/TR/xhtml1/DTD/xhtml1-strict.dtd">
```

```
1   doctype frameset
```

Das erzeugte HTML sieht dann folgendermaßen aus:

```
1   <!DOCTYPE html PUBLIC "-//W3C//DTD XHTML 1.0 Frameset//EN" "http://w\
2   ww.w3.org/TR/xhtml1/DTD/xhtml1-frameset.dtd">
```

```
1   doctype 1.1
```

Das erzeugte HTML sieht dann folgendermaßen aus:

```
1  <!DOCTYPE html PUBLIC "-//W3C//DTD XHTML 1.1//EN" "http://www.w3.org\
2  /TR/xhtml11/DTD/xhtml11.dtd">
```

```
1  doctype basic
```

Das erzeugte HTML sieht dann folgendermaßen aus:

```
1  <!DOCTYPE html PUBLIC "-//W3C//DTD XHTML Basic 1.1//EN" "http://www.\
2  w3.org/TR/xhtml-basic/xhtml-basic11.dtd">
```

```
1  doctype mobile
```

Das erzeugte HTML sieht dann folgendermaßen aus:

```
1  <!DOCTYPE html PUBLIC "-//WAPFORUM//DTD XHTML Mobile 1.2//EN" "http:\
2  //www.openmobilealliance.org/tech/DTD/xhtml-mobile12.dtd">
```

## Eigene Doctypes

Falls davon abweichende Doctypes notwendig sind, lässt sich folgende Syntax nutzen:

```
1  doctype html PUBLIC "-//W3C//DTD XHTML Basic 1.1//EN"
```

Folgendes HTML wird daraus erstellt:

```
1  <!DOCTYPE html PUBLIC "-//W3C//DTD XHTML Basic 1.1//EN">
```

## Optionen

Die Doctypes sind nicht nur eine Information für den Browser. Sie sollten unbedingt die *Pug*-Version nehmen, denn diese wirken sich auch auf den HTML-Generator aus, beispielsweise auf den Umgang mit schließenden Tags.

Hier der direkte Aufruf des Renderers mit dem Doctype 'XHTML':

```
1   var pug = require('pug');
2
3   // Übersetzen
4   var fn = pug.compile('img(src="foo.png")',
5                        { doctype: 'xml' });
6
7   // Rendern
8   var html = fn({});
```

Folgendes HTML wird daraus erstellt:

```
1   <img src="foo.png"></img>
```

Wird dagegen HTML erzeugt, wird das Tag nicht geschlossen:

```
1   // Übersetzen
2   var fn = pug.compile('img(src="foo.png")',
3                        { doctype: 'html' });
4
5   // Rendern
6   var html = fn({});
```

Folgendes HTML wird daraus erstellt:

```
1   <img src="foo.png">
```

## 7.2 Attribute

Attribute sehen aus wie in HTML, die Argumente sind allerdings
JavaScript, sodass hier einfach dynamisch gearbeitet werden kann.

### Serverseitiges JavaScript

Beachten Sie, dass das JavaScript in Argumenten auf
dem Server ausgeführt wird und aus Sicht des Clients
statisches HTML gesendet wird.

```
1  a(href='google.com') Google
2  a(class='button', href='google.com') Google
```

Übersetzt sieht das folgendermaßen aus:

```
1  <a href="google.com">Google</a><a href="google.com" class="button">G\
2  oogle</a>
```

Alle üblichen JavaScript-Ausdrücke funktionieren problemlos. Sie werden mit - abgetrennt, damit *Pug* sie nicht als HTML interpretiert:

```
1  - var authenticated = true
2  body(class=authenticated ? 'auth' : 'anon')
```

Übersetzt sieht das folgendermaßen aus:

```
1  <body class="auth"></body>
```

Mehrere Attribute lassen sich zur Verbesserung der Lesbarkeit auf mehrere Zeilen aufteilen:

```
1  input(
2    type='checkbox'
3    name='agreement'
4    checked
5  )
```

Übersetzt nach HTML sieht das folgendermaßen aus:

```
1  <input type="checkbox" name="agreement" checked="checked"/>
```

## Nicht codierte Attribute

Standardmäßig werden alle Attribute codiert, d.h. Sonderzeichen werden durch entsprechende Entitäten ersetzt (< durch &gt; und > durch &lt; usw.). Mit den Zuweisungszeichen = und != lässt sich das Verhalten steuern:

```
1  div(escaped="<code>")
2  div(unescaped!="<code>")
```

In HTML sieht das folgendermaßen aus:

```
1  <div escaped="&lt;code&gt;"></div>
2  <div unescaped="<code>"></div>
```

 **Vorsicht!**

Es ist gefährlich bei Benutzereingaben, die an Sichten weitergeleitet werden, das Kodieren abzuschalten. Nutzer können sonst aktiven Code auf den Server einschleusen.

## Logische-Attribute

Logische (boolean) Attribute werden in *Pug* als Funktionen darge-stellt, die Argumente verarbeiten können, die ihrerseits true oder false ergeben. Wird kein Argument angegeben, ist der Standard true.

```
1  input(type='checkbox', checked)
2  input(type='checkbox', checked=true)
3  input(type='checkbox', checked=false)
4  input(type='checkbox', checked=true.toString())
```

Übersetzt sieht das folgendermaßen aus:

```
1   <input type="checkbox" checked="checked"/>
2   <input type="checkbox" checked="checked"/>
3   <input type="checkbox"/>
4   <input type="checkbox" checked="true"/>
```

Wenn der Doctype des Dokuments HTML ist, werden die verkürzten Attribute benutzt, wie sie alle Browser verstehen:

```
1   doctype html
2   input(type='checkbox', checked)
3   input(type='checkbox', checked=true)
4   input(type='checkbox', checked=false)
5   input(type='checkbox', checked=true && 'checked')
```

Übersetzt sieht das folgendermaßen aus:

```
1   <!DOCTYPE html>
2   <input type="checkbox" checked>
3   <input type="checkbox" checked>
4   <input type="checkbox">
5   <input type="checkbox" checked="checked">
```

## Stil-Attribute

Das style-Attribut ist etwas komplexer, weil die Parameter ein Stil-Objekt darstellen. Im Gegensatz zur reinen HTML-Version, die nur als Zeichenkette gelesen werden kann, verarbeitet *Pug* hier in der Tat ein JSON-Objekt.

```
1   a(style={color: 'red', background: 'green'})
```

Dies sieht in HTML dann folgendermaßen aus:

```
1   <a style="color:red;background:green"></a>
```

**JSON**

JSON steht für JavaScript Object Notation. Es handelt sich um ein kompaktes Datenformat in für Mensch und Maschine einfach lesbarer Textform zum Zweck des Datenaustauschs zwischen Anwendungen. Jedes gültige JSON-Dokument soll gültiges JavaScript sein. Wird auf dem Server und auf dem Client mit JavaScript gearbeitet, handelt es sich bei JSON quasi um das *natürliche* Format zur Datenübertragung und Objektdefinition.

## &-Attribute

Diese spezielle Form, genannt "und-Attribute" (engl. "and attributes") wird benutzt, um ein Objekt in Attribute zu zerlegen:

```
1   div#foo(data-bar="foo")&attributes({'data-foo': 'bar'})
```

In HTML wird dann daraus folgendes:

```
1   <div id="foo" data-bar="foo" data-foo="bar"></div>
```

Dabei muss es sich nicht um ein Objekt-Literal handeln, eine Variable die ein Objekt liefert eignet sich ebenso.

```
1   - var attributes = {'data-foo': 'bar'};
2   div#foo(data-bar="foo")&attributes(attributes)
```

Hier entsteht dasselbe HTML draus:

```
1   <div id="foo" data-bar="foo" data-foo="bar"></div>
```

Diese Funktion codiert HTML nicht. Wenn die Daten aus einer Benutzereingabe stammen ist eine explizite Untersuchung auf eingebettete Codes notwendig. Vergleichen Sie dazu auch den Umgang mit Mixins, die das Codieren immer übernehmen.

# 7.3 Umgang mit CSS-Klassen

CSS-Klassen werden durch Attribute oder Literale beschrieben.

## Das class-Attribut

Das class-Attribut kann wie jedes Attribut mit einer Zeichenkette benutzt werden. Nun kommt es häufig vor, dass mehrere Klassennamen gesetzt werden. Dafür sind auch Arrays erlaubt.

```
1  - var classes = ['btn', 'btn-default']
2  a(class=classes)
3  a.bing(class=classes class=['bing'])
```

Wie in Zeile 3 gezeigt, kann das Atribut wiederholt werden. *Pug* kombiniert die Einträge dann. In HTML wird dann daraus folgendes:

```
1  <a class="btn btn-default"></a>
2  <a class="btn btn-default bing"></a>
```

Wenn Klassennamen über Bedingungen gesetzt werden, muss meist eine separate Logik her. In *Pug* eignet sich dafür ein Objekt-Mapping:

```
- var curUrl = '/about'
a(class={active: curUrl === '/'} href='/') Home
a(class={active: curUrl === '/about'} href='/about') Über uns
```

Dies sieht in HTML dann folgendermaßen aus:

```
<a href="/">Home</a>
<a href="/about" class="active">Über uns</a>
```

# 7.4 Das Class-Literal

Noch einfacher ist die direkte Nutzung der Literale aus CSS:

```
a.button
```

Dies sieht in HTML dann folgendermaßen aus:

```
<a class="button"></a>
```

Eine Besonderheit bei den Literalen ist das <div>-Tag. Dies ist der Standard, wenn kein Element angegeben wird:

```
.content
```

In HTML wird dann daraus folgendes:

```
<div class="content"></div>
```

# 7.5 ID-Literal

IDs nutzen die #idname-Syntax:

```
1    a#main-link
```

Dies sieht in HTML dann folgendermaßen aus:

```
1    <a id="main-link"></a>
```

Da das div-Element sehr häufig benutzt wird, können Sie es weglassen:

```
1    #content
```

In HTML wird dann daraus folgendes:

```
1    <div id="content"></div>
```

# 7.6 Befehle

Befehle bringen interaktive Abschnitte in die Vorlage. Sie ähneln den Möglichkeiten von JavaScript, werden jedoch vor der Skript-Ebene verarbeitet. HTML kann direkt eingebettet werden.

## Fallunterscheidung (case)

case ist eine Prozessanweisung und entspricht dem switch in JavaScript. Die case-Zweige in JavaScript werden bei *Pug* als when geschrieben:

```
1    - var friends = 10
2    case friends
3      when 0
4        p Du hast keine Freunde
5      when 1
6        p Du hast einen Freund
7      default
8        p Du hast #{friends} Freunde
```

In HTML wird dann daraus folgendes:

```
1    <p>Du hast 10 Freunde</p>
```

## Weiterleitung zum nächsten Fall

Ebenso wie in JavaScript fällt die Anweisung zum nächsten Zweig
durch, wenn keine Anweisung folgt:

```
1    - var friends = 0
2    case friends
3      when 0
4      when 1
5        p Du hast kaum Freunde
6      default
7        p Du hast #{friends} Freunde
```

In HTML wird dann daraus folgendes:

```
1    <p>Du hast kaum Freunde</p>
```

## Erweiterung von Blöcken

Statt der mehrzeiligen Schreibweise können kurze Texte auf derselben Zeile platziert werden und sind dann auf diese Zeile begrenzt:

```
1   - var friends = 1
2   case friends
3     when 0: p Du hast keinen Freund
4     when 1: p Du hast einen Freund
5     default: p Du hast #{friends} Freunde
```

Das HTML sieht dann folgendermaßen aus:

```
1   <p>Du hast einen Freund</p>
```

## Bedingungen (if)

Bedingungen sind ein elementarer Baustein in pug. Gegenüber
JavaScript ist die Schreibweise geringfügig vereinfacht – so können
Sie die Klammern um die Bedingung weglassen.

```
1    - var user = { description: 'Mustertext' }
2    - var authorised = false
3    #user
4      if user.description
5        h2 Beschreibung
6        p.description= user.description
7      else if authorised
8        h2 Beschreibung
9        p.description.
10         Benutzer hat keine Beschreibung,
11         füge eine hinzu...
12     else
13       h1 Beschreibung
14       p.description Benutzer hat keine Beschreibung
```

Die Eingabedaten bestimmen dann, welches HTML entsteht:

```
1  <div id="user">
2    <h2>Beschreibung</h2>
3    <p class="description">Mustertext</p>
4  </div>
```

Es gibt weiterhin das Schlüsselwort unless für negierte Bedingungen:

```
1  unless user.isAnonymous
2    p Du bist als #{user.name} angemeldet
```

Dies ist vollkommen identisch zum folgenden Ausdruck:

```
1  if !user.isAnonymous
2    p Du bist als #{user.name} angemeldet
```

## Iterationen

Mit each und while stehen zwei Möglichkeiten bereit, Schleifen zu bilden.

## each

Die Anwendung von each ist weitgehend intuitiv:

```
1  ul
2    each val in [1, 2, 3, 4, 5]
3      li= val
```

Das HTML wird auf Basis des Arrays auf dem Server gebildet:

```
1  <ul>
2    <li>1</li>
3    <li>2</li>
4    <li>3</li>
5    <li>4</li>
6    <li>5</li>
7  </ul>
```

Mit zwei Parametern besteht Zugriff auf den Index und den Lauf-wert:

```
1  ul
2    each val, index in ['zero', 'one', 'two']
3      li= index + ': ' + val
```

Das HTML zeigt, dass der Index 0-basiert ist:

```
1  <ul>
2    <li>0: zero</li>
3    <li>1: one</li>
4    <li>2: two</li>
5  </ul>
```

Werden Hashes (Objekt-Maps) benutzt, so lassen sich Index und Wert noch genauer bestimmen:

```
1  ul
2    each val, index in {1:'one',2:'two',3:'three'}
3      li= index + ': ' + val
```

Das HTML zeigt, dass der Index vom Quellobjekt bestimmt ist:

```
1   <ul>
2     <li>1: one</li>
3     <li>2: two</li>
4     <li>3: three</li>
5   </ul>
```

Statt der direkten Angabe lässt sich natürlich jeder JavaScript-
Ausdruck benutzen, der eine passende Struktur erzeugt oder enthält:

```
1   - var values = [];
2   ul
3     each val in values.length ? values : ['Keine Werte']
4       li= val
```

Da das Array im Beispiel leer ist, wird folgendes HTML erzeugt:

```
1   <ul>
2     <li>Keine Werte</li>
3   </ul>
```

 ### Alias-Namen

Das Schlüsselwort for kann als Alias für each benutzt
werden.

## while

Eine Schleife mit while verfügt über eine Abbruchbedingung. Die
Schleife wird durchlaufen. solange der Ausdruck true ergibt.

```
1    - var n = 0
2    ul
3      while n < 4
4        li= n++
```

Das dynamisch erzeugte HTML sieht nun folgendermaßen aus:

```
1    <ul>
2      <li>0</li>
3      <li>1</li>
4      <li>2</li>
5      <li>3</li>
6    </ul>
```

# 7.7 JavaScript-Code

Mit *Pug* können JavaScript-Fragmente direkt in die Seite geschrieben werden. Diese Teile werden dann serverseitig ausgeführt. Es gibt dabei drei Arten von Code:

**Ungepufferte Codes**
Die Ergebnisse beim Verarbeiten werden sofort in die Ausgabe geschrieben.

**Gepufferte Codes**
Die Ergebnisse beim Verarbeiten werden zuerst in einen Puffer geschrieben und am Ende der Anweisung komplett gesendet.

**Gepufferte und nicht codierte Codes**
Die Ergebnisse beim Verarbeiten werden zuerst in einen Puffer geschrieben und am Ende der Anweisung komplett gesendet. Dabei erfolgt keine Codierung der Ausgabe.

## Ungepufferte Codes

Ungepuffert und auch nicht codiert sieht das folgendermaßen aus:

```
- for (var x = 0; x < 3; x++)
    li item
```

 **Vorsicht!**

Wie in den vorangegangenen Beispielen sollten Sie Vorsicht bei der Umsetzung von Benutzereingaben walten lassen, um zu verhindern, dass in solche Konstrukte Code eingeschleust wird. Der eingeschleuste JavaScript-Code würde serverseitig ausgeführt werden.

Im HTML entsteht aus dem letzten Beispiel folgendes:

```
<li>item</li>
<li>item</li>
<li>item</li>
```

Dies funktioniert auch mit Blöcken (das - -Zeichen ist alleinstehend abgesetzt und der folgende Text eingerückt):

```
-
  list = ["Uno", "Dos", "Tres",
          "Cuatro", "Cinco", "Seis"]
each item in list
  li= item
```

Auch diese Schleife generiert pures HTML:

```
1   <li>Uno</li>
2   <li>Dos</li>
3   <li>Tres</li>
4   <li>Cuatro</li>
5   <li>Cinco</li>
6   <li>Seis</li>
```

## Gepufferte Code

Der gepufferte Teil startet mit einem =-Zeichen und gibt das Ergebnis der Berechnung in JavaScript aus. Hier die codierte Variante (beachten Sie die Einrückung auf Zeile 2):

```
1   p
2     = 'Dieser Code ist <kodiert>!'
```

Im HTML sehen Sie, wie die Sonderzeichen konvertiert wurden:

```
1   <p>Dieser Code ist &lt;kodiert&gt;!</p>
```

JavaScript-Ausdrücke lassen sich auch hier einsetzen:

```
1   p= 'Dieser Code ist' + ' <kodiert>!'
```

Es ergibt sich dasselbe Ergebnis wie im vorherigen Beispiel:

```
1   <p>Dieser Code ist &lt;kodiert&gt;!</p>
```

## Gepufferte und nicht codierte Codes

Die Codierung startet wieder mit dem !=-Operator. Beachten Sie auch hier, dass dies in Bezug auf Daten aus Benutzereingaben nicht sicher ist.

```
1   p
2     != 'Dieser Code ist <strong>nicht</strong> kodiert!'
```

Das folgende HTML wird daraus erstellt:

```
1   <p>Dieser Code ist <strong>nicht</strong> kodiert!
2   </p>
```

Auch in dieser Nutzung können JavaScript-Ausdrücke eingesetzt werden:

```
1   p!= 'Dieser Code ist' + ' <strong>nicht</strong> kodiert!'
```

Das folgende HTML wird daraus erstellt:

```
1   <p>Dieser Code ist <strong>nicht</strong> kodiert!</p>
```

## 7.8 Kommentare

Kommentare werden wie in JavaScript geschrieben, werden dann jedoch in HTML-Kommentare konvertiert, also nicht komplett entfernt:

```
1   // Hier folgt etwas HTML:
2   p foo
3   p bar
```

Das folgende HTML wird daraus erstellt:

```
1   <!-- Hier folgt etwas HTML: -->
2   <p>foo</p>
3   <p>bar</p>
```

Wird hinter das Kommentarzeichen ein Strich gesetzt, wird der Kommentar entfernt und im HTML nicht wiederholt:

```
1   //- Dies ist nicht für die Öffentlichkeit
2   p foo
3   p bar
```

Das folgende HTML wird daraus erstellt:

```
1   <p>foo</p>
2   <p>bar</p>
```

## Kommentarblöcke

Soll sich ein Kommentar über mehrere Zeilen erstrecken, so wird
das Kommentarzeichen alleine auf eine Zeile gestellt:

```
1   body
2     //
3       So viel Text wie
4       Sie mögen
```

Das folgende HTML wird daraus erstellt:

```
1   <body>
2     <!--
3       So viel Text wie
4       Sie mögen
5     -->
6   </body>
```

## Bedingte Kommentare

Der Internet Explorer kann Abschnitte bedingt ausführen, um ab-
wärtskompatiblen HTML-Code zu schreiben. *Pug* hat dafür keine
spezielle Syntax. Da jeder nicht weiter erkannte Text aber unverändert ausgegeben wird werden Zeilen, die mit dem <-Zeichen
beginnen, direkt ins HTML transportiert:

```
1   <!--[if IE 8]>
2   <html lang="en" class="lt-ie9">
3   <![endif]-->
4   <!--[if gt IE 8]><!-->
5   <html lang="en">
6   <!--<![endif]-->
```

# 7.9 Erben von Vorlagen

Zum Erben von Vorlagen wird das Schlüsselwort extends benutzt.
Damit lassen sich auch vordefinierte Bereiche der Layout-Seite
gezielt überschreiben. Zuerst die Layout-Seite:

**Datei: layout.pug**

```
1   doctype html
2   html
3     head
4       block title
5         title Default title
6     body
7       block content
```

Die eigentliche Seite nutzt (erbt) nun diese Layout-Seite. Der Bereich block und darin der Bereich title wird überschrieben. Die
Angaben sind freiwillig und wenn sie nicht vorhanden wären,
würde der Inhalt der Layout-Seite angezeigt werden.

Datei: index.pug

```
1   extends layout
2
3   block title
4     title Meine Artikel
5
6   block content
7     h1 Hier steht der Inhalt
```

Das finale HTML sieht nun folgendermaßen aus:

```
1   <!doctype html>
2   <html>
3     <head>
4       <title>Meine Artikel</title>
5     </head>
6     <body>
7       <h1>Hier steht der Inhalt</h1>
8     </body>
9   </html>
```

# Hier steht der Inhalt

**Abbildung: Ausgabe der Musterseite**

## Komplexere Layouts

Die Vererbung der Layout-Seiten kann über mehrere Stufen gehen, d.h. in einer Layout-Seite kann eine weitere aufgerufen werden. So lassen sich komplexere verschachtelte Layouts entwerfen.

## Details zum Vererben von Vorlagen

Das einfache Vererben von Vorlagen kann erweitert werden, indem
mit `block` Bereiche festgelegt werden, die gezielt überschrieben
werden können. Ein "Block" ist dabei pug-Code, der ersetzt werden
kann. Der Vorgang ist rekursiv.

Wenn der Platzhalter mit Inhalt bestückt ist, fungiert dieser als
Standard. Betrachten Sie die folgende Layout-Seite:

**Datei: layout.pug**

```
 1  html
 2    head
 3      title My Site - #{title}
 4      block scripts
 5        script(src='/jquery.js')
 6    body
 7      block content
 8      block foot
 9        #footer
10          p Inhalt der Fußzeile
```

Diese wird nun mittels `extends` benutzt. Die Seite *index.pug* im
folgenden Beispiel überschreibt dabei die Blöcke *scripts* und *content*. Der Block *foot* bleibt dagegen unverändert und wird aus der
Layout-Seite übernommen.

**Datei: index.pug**

```
 1  extends layout
 2
 3  block scripts
 4    script(src='scripts/jquery.js')
 5    script(src='scripts/data.js')
 6
 7  block content
 8    h1= title
 9    each pet in pets
10      include pet
```

In einem Block können weitere Blöcke definiert werden, die bei weiteren Ableitungen verschachtelter Layout-Seiten wiederum überschrieben werden. Die weitere Layout-Seite *sub-layout.pug* wird folgendermaßen definiert:

**Datei: sub-layout.pug**

```
extends layout

block content
  .sidebar
    block sidebar
      p nothing
  .primary
    block primary
      p nothing
```

Die Seite *page-b.pug* nutzt diese abgeleitete Layout-Seite nun:

**Datei: page-b.pug**

```
extends sub-layout

block content
  .sidebar
    block sidebar
      p nothing
  .primary
    block primary
      p nothing
```

Die Blöcke *sidebar* und *primary* werden hier überschrieben.

## Blöcken Inhalt voran- und hintenanstellen

Neben dem blanken Ersetzen lassen sich Inhalte auch voranstellen (prepend) oder ergänzen (append). Bei der Definition ändert sich erstmal nichts:

```
1  html
2    head
3      block head
4        script(src='/vendor/jquery.js')
5        script(src='/vendor/bootstrap.js')
6    body
7      block content
```

Weitere Skripte lassen sich nun wie folgt ergänzen:

```
1  extends layout
2
3  block append head
4    script(src='/scripts/data.js')
```

Das Schlüsselwort `block` ist bei der Benutzung von `prepend` oder `append` optional:

```
1  extends layout
2
3  append head
4    script(src='/scripts/data.js')
```

## Dateierweiterung

In diesem Beispiel wurde die Dateierweiterung *.pug* weggelassen. Diese ist optional, wenn der Standard *.pug* benutzt wird.

# 7.10 Filter

Filter dienen dazu, innerhalb des Quelltextes andere Sprachen zu nutzen. Typische Beispiele sind Markdown und CoffeeScript.

```
1   :markdown
2     # Markdown
3
4     I often like including markdown documents.
5
6   script
7    :coffee-script
8      console.log 'This is coffee script'
```

Der Sprachblock wird mit dem :-Zeichen eingeleitet und entsprechend interpretiert. Das vorangegangene Beispiel sieht in HTML wie folgt aus:

```
1   <h1>Markdown</h1>
2   <p>I often like including markdown documents.</p>
3   <script>console.log('This is coffee script')</script>
```

 ## Ausführzeitpunkt

Filter werden beim Übersetzen der Seite ausgeführt. Innerhalb des Filters können deshalb keine dynamischen Ausdrücke stehen. Die Ausführung ist dafür sehr schnell.

# 7.11 Partielle Seiten

Komplexe Seiten lassen sich in Teile – partielle Seiten – zerlegen. Das Einbinden erfolgt mit dem Schlüsselwort includes und der Angabe des Dateinamens, gegebenenfalls mit dem relativen Pfad.

**Datei: index.pug**

```
1  doctype html
2  html
3    include ./parts/head.pug
4    body
5      h1 Meine Seite
6      p Welcome to my super lame site.
7      include ./includes/foot.pug
```

**Datei: parts/head.pug**

```
1  head
2    title Meine Seite
3    script(src='/javascripts/jquery.js')
4    script(src='/javascripts/app.js')
```

**Datei: parts/foot.pug**

```
1  #footer
2    p Copyright (c) foobar
```

## Daraus entsteht folgendes HTML:

```
1   <!doctype html>
2   <html>
3     <head>
4       <title>My Site</title>
5       <script src='/javascripts/jquery.js'></script>
6       <script src='/javascripts/app.js'></script>
7     </head>
8     <body>
9       <h1>My Site</h1>
10      <p>Welcome to my super lame site.</p>
11      <div id="footer">
12        <p>Copyright (c) foobar</p>
13      </div>
14    </body>
15  </html>
```

# Text einbinden

Partielle Seiten müssen nicht nur *Pug* sein, auch einfacher Text kann benutzt werden. *Pug* erkennt dies automatisch:

**index.pug**

```
1  doctype html
2  html
3    head
4      style
5        include style.css
6    body
7      h1 My Site
8      p Welcome to my super lame site.
9      script
10       include script.js
```

**style.css**

```
1  /* style.css */
2  h1 { color: red; }
```

**script.js**

```
1  // script.js
2  console.log('You are awesome');
```

Daraus entsteht folgendes HTML:

```
1   <!doctype html>
2   <html>
3     <head>
4       <style>
5         /* style.css */
6         h1 { color: red; }
7       </style>
8     </head>
9     <body>
10      <h1>My Site</h1>
11      <p>Welcome to my super lame site.</p>
12      <script>
13        // script.js
14        console.log('You are awesome');
15      </script>
16    </body>
17  </html>
```

## Kombination aus Filtern und partiellen Seiten

Bei der Kombination aus Filtern und partiellen Seiten werden Seiten
eingebunden, die Inhalte in anderen Sprachen enthalten.

**Datei: index.pug**

```
1   doctype html
2   html
3     head
4       title Ein Artikel
5     body
6       include:markdown article.md
```

Die eingeschlossene Seite wird hier als Markdown interpretiert:

**Datei: article.md**

```
1   # Überschrift in Markdown
2
3   Dieser Artikel wurde in Markdown erstellt
```

Daraus entsteht folgendes HTML:

```
1   <!doctype html>
2   <html>
3     <head>
4       <title>Ein Artikel</title>
5     </head>
6     <body>
7       <h1>Überschrift in Markdown</h1>
8       <p>Dieser Artikel wurde in Markdown erstellt.</p>
9     </body>
10  </html>
```

Vor allem die Kombination mit Markdown ist interessant, weil bereits vorliegende Inhalte unverändert übernommen werden können.

# 7.12 Interpolationen

Interpolationen ersetzen Variablen in Zeichenfolgen. Vergleichbare Techniken kennt wohl fast jede Programmiersprache. *Pug* kennt folgende Operatoren:

- Codierte Zeichenketten-Interpolation
- Nicht codierte Zeichenketten-Interpolation
- Tag-Interpolation

## Codierte Zeichenketten-Interpolation

In der folgenden Vorlage werden einige Variablen definiert und dann in Ausdrücken eingesetzt, ohne erneut auf JavaScript-Syntax zuzugreifen:

```
1    - var title = "Einführung in Node.js";
2    - var author = "Joerg";
3    - var version = "<span>0.11</span>";
4
5    h1= title
6    p Zusammengestellt von #{author}
7    p #{version}
```

Das folgende HTML zeigt das Ergebnis der Interpolation:

```
1    <h1>Einführung in Node.js</h1>
2    <p>Zusammengestellt von Joerg</p>
3    <p> Für die Version: &lt;span&gt;0.11!&lt;/span&gt;</p>
```

Der Code zwischen #{ und } wird ausgewertet, codiert und als
gepuffertes Ergebnis an die Ausgabe gesendet. Der Ausdruck selbst
kann wiederum JavaScript sein, sodass sogar hier komplexere Ausdrücke entstehen können.

```
1    - var msg = "ziemlich cool";
2    p Dies ist #{msg.toUpperCase()}
```

Daraus entsteht in diesem Fall ziemlich cooles HTML:

```
1    <p>Dies ist ZIEMLICH COOL</p>
```

## Nicht codierte Zeichenketten-Interpolation

Falls Sicherheit nicht notwendig ist oder HTML gewünscht ist, geht
auch hier wieder die nicht codierte Variante:

```
1    - var riskyQuote = "<em>Node braucht pug.</em>";
2    .quote
3      p Joerg: !{riskyQuote}
```

Das HTML wird unverändert ausgegeben:

```
1   <div class="quote">
2     <p>Joerg: <em>Node braucht pug.</em></p>
3   </div>
```

## Tag-Interpolation

Interpolationen lassen sich auch direkt in Tags einsetzen. Hierzu wird #[] benutzt.

```
1   p.
2     Wenn Sie sich den Quellcode auf #[a(target="_blank", href="https:/\
3   /github.com/pugjs/pug/blob/master/docs/views/reference/interpolation\
4   .pug") GitHub],
5       ansehen, finden Sie viele Stellen wo die Interpolation benutzt wi\
6   rd.
```

Hieraus ensteht recht kompaktes HTML:

```
1   <p>Wenn Sie sich den Quellcode auf  <a target="_blank" href="https:/\
2   /github.com/pugjs/pug/blob/master/docs/views/reference/interpolation\
3   .pug"> GitHub</a>,
4     ansehen, finden Sie viele Stellen wo die Interpolation benutzt wir\
5   d.
6   </p>
```

Der Renderer nutzt intern seinen Puffer zur Ablage und zum Weiterleiten, sodass dies besser ist als direkt HTML einzubinden.

# 7.13 Mixins (Funktionen)

Mixins erzeugen wiederverwendbare Blöcke aus *Pug*-Code. Damit lassen sich endlose Wiederholungen gleicher HTML-Bausteine vermeiden. Besonders im Zusammenhang mit Bootstrap lassen sich so komplexere Konstrukte vorbereiten und dann jederzeit einsetzen.

Ein Mixin (lies: Funktion) wird folgendermaßen deklariert:

```
1   mixin list
2     ul
3       li foo
4       li bar
5       li baz
```

Die Benutzung basiert auf einem speziellen Operator:

```
1   +list
2   +list
```

Die Benutzung wird mit dem +-Zeichen eingeleitet. Im HTML ist davon nichts mehr zu finden:

```
1    <ul>
2      <li>foo</li>
3      <li>bar</li>
4      <li>baz</li>
5    </ul>
6    <ul>
7      <li>foo</li>
8      <li>bar</li>
9      <li>baz</li>
10   </ul>
```

Mixins sind JavaScript-Funktionen und können wie diese mit Parametern versehen werden:

```
1   mixin pet(name)
2     li.pet= name
3   ul
4     +pet('Katze')
5     +pet('Hund')
6     +pet('Vogel')
```

Folgendes HTML entsteht daraus:

```
1  <ul>
2    <li class="pet">Katze</li>
3    <li class="pet">Hund</li>
4    <li class="pet">Vogel</li>
5  </ul>
```

## Mixin-Blöcke

Mixins können eine Block mit *Pug*-Code aufnehmen und gewinnen damit weiter an Dynamik:

```
1  mixin article(title)
2    .article
3      .article-wrapper
4        h1= title
5        if block
6          block
7        else
8          p Keine Inhalte
9
10 +article('Hallo pug')
11
12 +article('Hallo pug')
13   p Dies ist ein
14   p Artikel zu Node.js
```

Folgendes HTML entsteht daraus:

```
1  <div class="article">
2    <div class="article-wrapper">
3      <h1>Hallo pug</h1>
4      <p>Keine Inhalte</p>
5    </div>
6  </div>
7  <div class="article">
8    <div class="article-wrapper">
9      <h1>Hallo pug</h1>
10     <p>Dies ist ein</p>
11     <p>Artikel zu Node.js</p>
12   </div>
13 </div>
```

## Mixin-Attribute

Ähnlich wie bei JavaScript-Funktionen können Mixins Parameter
über ein implizites `attributes`-Objekt aufnehmen:

```
mixin link(href, name)
  //- attributes == {class: "btn"}
  a(class!=attributes.class, href=href)= name

+link('/foo', 'foo')(class="btn")
```

Folgendes HTML entsteht daraus:

```
<a href="/foo" class="btn">foo</a>
```

 Die Werte werden wieder automatisch codiert. Ist das
nicht gewünscht, muss != benutzt werden. Eine Kombination mit den &attributes ist ebenso möglich.

```
mixin link(href, name)
  a(href=href)&attributes(attributes)= name

+link('/foo', 'foo')(class="btn")
```

Folgendes HTML entsteht daraus:

```
<a href="/foo" class="btn">foo</a>
```

## Weitere Argumente

Ist die Anzahl der Argumente nur teilweise variabel, lässt sich eine
Definition der Art "der ganze Rest" aufbauen:

```
1  mixin list(id, ...items)
2    ul(id=id)
3      each item in items
4        li= item
5
6  +list('my-list', 1, 2, 3, 4)
```

Folgendes HTML entsteht daraus:

```
1  <ul id="my-list">
2    <li>1</li>
3    <li>2</li>
4    <li>3</li>
5    <li>4</li>
6  </ul>
```

# 7.14 Umgang mit Text

Einfacher Text wird nicht interpretiert und unverändert ausgegeben, auch wenn darin Steuerzeichen enthalten sind.

## Text verbinden

Der |-Operator ("pipe") setzt vorhergehende Zeilen mit Text einfach fort.

```
1  | Einfacher Text kann <strong>html</strong> enthalten
2  p
3    | Er muss immer alleine auf einer Zeile stehen
```

Der Text kommt unverändert in der HTML-Seite an:

```
1  Einfacher Text kann <strong>html</strong> enthalten
2  <p>Er muss immer alleine auf einer Zeile stehen</p>
```

## Inline im Tag

Tags in Tags sind in HTML an der Tagesordnung. Denn in fast jedem Blockelement sind diverse Inline-Elemente zu finden (`<span>` im `<div>`). Text nach einem Element wird unverändert übernommen und kann HTML enthalten. Das ist oftmals einfacher, als die komplette Hierarchie zu definieren:

```
p Einfacher Text kann <strong>HTML</strong> haben
```

Das HTML kommt unverändert in der Seite an:

```
<p>Einfacher Text kann <strong>HTML</strong> haben</p>
```

## Block im Tag

Oft werden große Blöcke mit Text benötigt. Skripte oder längere Stil-Definitionen sind gute Beispiele dafür. Hier wird selten Interaktivität verlangt. Um solch einen Block einzuleiten, wird dem Element-Befehl ein Punkt . nachgestellt:

```
script.
  if (usingpug)
    console.log('you are awesome')
  else
    console.log('use pug')
```

Der Inhalt kommt unverändert in der Seite an:

```
1  <script>
2    if (usingpug)
3      console.log('you are awesome')
4    else
5      console.log('use pug')
6  </script>
```

## Umgang mit Tags

Tags werden lediglich durch Ihren Namen beschrieben, ohne die Markup-Klammern. Die Hierarchie wird durch die Einrückung (zwei Leerzeichen) festgelegt.

```
1  ul
2    li Item A
3    li Item B
4    li Item C
```

Aus diesem Beispiel entsteht gültiges HTML:

```
1  <ul>
2    <li>Item A</li>
3    <li>Item B</li>
4    <li>Item C</li>
5  </ul>
```

Wenn der Doctype dies verlangt werden selbstschließende Elemente automatisch erzeugt. Für das Element img sieht das folgendermaßen aus:

```
1  img
```

Hier entsteht gültiges HTML mit schließendem Tag:

```
1   <img/>
```

## Erweiterungen von Blöcken

Verschachtelte Blöcke lassen, solange keine Inhalte folgen, auch
in einer Zeile definieren. Dies erfolgt durch den :-Operator. Dies
spart Platz bei häufigen typischen Kombinationen, beispielsweise
mit Hyperlinks:

```
1   a: img
```

Aus diesem Beispiel entsteht gültiges HTML wie folgt:

```
1   <a><img/></a>
```

## Selbstschließende Tags

Einige Tags, wie img, meta und link enthalten nie Inhalt. Sie sind
deshalb selbstschließend, ausgenommen mit dem XML-Doctype.
Solle dies unabhängig vom Doctype angezeigt werden, kann dies
mit einem abschließenden /-Zeichen erfolgen.

```
1   meta/
2   link(rel='stylesheet')/
```

Aus diesem Beispiel entsteht folgendes HTML:

```
1   <meta/>
2   <link rel="stylesheet"/>
```

# 8. Die *Pug*-API

*Pug* ist ein Paket das neben der Verarbeitung der Vorlagen einige Funktionen als Programmierschnittstelle (API) bereitstellt. Diese API wird nachfolgend kurz beschrieben.

## 8.1 API-Optionen

Jede Methode der API akzeptiert ein Optionen, die als JSON-Struktur übergeben werden:

```
{
    filename: string,
    doctype: string,
    pretty: boolean | string,
    self: boolean,
    debug: boolean,
    compileDebug: boolean,
    cache: boolean,
    compiler: class,
    parser: class,
    globals: Array.<string>
}
```

Die einzelnen Parameter haben folgende Bedeutung:

**filename**
> Der Dateiname; wird beispielsweise in Ausnahmen angezeigt

**doctype**
> Der Doctype, wenn dieser nicht als Teil einer Vorlage angegeben werden soll

**pretty**

> Zeigt an, ob Leerzeichen zum ausgegebenen HTML hinzu-
> gefügt werden sollen, um lesbaren Code zu erzeugen. Wenn
> eine Zeichenkette angegeben wird, ist dies der Wert, der zum
> Einrücken benutzt wird, z.B. \t.

**self**  self-Namensraum für lokale Variable (standardmäßig false)

**debug**

> Protokolliert Ausgaben nach stdout

**compileDebug**

> Der Quellcode wird in die gerendete Ausgabe übertragen

**cache**

> Funktionen werden gecachet. Schlüssel ist der Dateiname der
> Vorlage.

**compiler**

> Ein alternativer Compiler kann angegeben werden.

**parser**

> Ein alternativer Parser kann angegeben werden.

**globals**

> Globale Variablen, die in allen Vorlagen bekanntgegeben
> werden

# 8.2 API-Funktionen

In allen Funktionen ist der Parameter options das zuvor beschriebene Options-Objekt. Nicht alle Optionen sind in allen Fällen sinnvoll.

## pug.compile(source, options)

Diese Funktion übersetzt *Pug*-Code, sodass dieser dann mehrfach mit verschiedene Werten ausgeführt werden kann. Gibt eine Funktion zurück, die ausgeführt werden kann. Der Befehl auf Zeile 2 erstellt die Funktion, auf Zeile 3 wird diese dann ausgeführt.

```
1  var pug = require('pug');
2  var fn = pug.compile('p pug ist cool!', options);
3  var html = fn(locals);
```

Dieses Skript erzeugt folgende Ausgabe:

```
1  <p>pug ist cool!</p>
```

## pug.compileFile(path, options)

Diese Funktion übersetzt *Pug*-Code aus einer Datei, sodass dieser dann mehrfach mit verschiedenen Werten ausgeführt werden kann. Gibt eine Funktion zurück, die ausgeführt werden kann. sourcepath ist der Pfad zur *Pug*-Datei. Der Befehl auf Zeile 2 erstellt die Funktion, auf Zeile 3 wird diese dann ausgeführt.

```
1  var pug = require('pug');
2  var fn = pug.compileFile('views/index.pug', options);
3  var html = fn(locals);
```

Dieses Skript erzeugt folgende Ausgabe, wenn die Datei *index.pug* den Text "p pug ist cool!" enthält:

```
1  <p>pug ist cool!</p>
```

## pug.compileClient(source, options)

Hier wird eine JavaScript-Funktion gerendert, die dann später clientseitig ausgeführt werden kann und dort das erstellte HTML erzeugt.

```
1  var pug = require('pug');
2
3  // Funktion erstellen
4  var fn = pug.compileClient('p pug ist cool!', options);
5
6  // Rendern der Funktion
7  var html = fn(locals);
```

Die Rückgabe ist dann JavaScript:

```
1  function template(locals) {
2    return "<p>pug ist cool!</p>";
3  }
```

## pug.compileClientWithDependenciesTracked (source, options)

Diese Methode entspricht der vorhergehende methode `compileClient`, erzeugt jedoch ein Objekt, das folgende Struktur hat:

```
1  {
2    'body': 'function (locals) {...}',
3    'dependencies': ['filename.pug']
4  }
```

Damit können Änderungen an Quelldateien überwacht werden. Ansonsten ist die einfache Variante zu bevorzugen.

## pug.compileFileClient(path, options)

Hier wird eine JavaScript-Funktion gerendert, die dann später clientseitig ausgeführt werden kann und dort das erstellte HTML erzeugt. Die Quelle muss als Datei vorliegen.

Das Options-Objekt hat einen weiteren Parameter `name`. Diese bestimmt den Namen der Funktion, die erzeugt wird und auf dem Client aufgerufen werden kann. Hier ein Beispiel mit einer Quelldatei *pugFile.pug*:

```
1   h1 Dies ist eine Vorlage
2   h2 Von #{author}
```

Diese wird nun dynamisch übersetzt (Zeile 4):

```
1   var fs   = require('fs');
2   var pug = require('pug');
3
4   var jsOut = pug.compileFileClient('/views/pugFile.pug',
5       {
6           name: "templateFunction"
7       });
```

 **fs**

Das Beispiel nutzt zum Dateizugriff das Standardmodul "fs" aus der node.js-Distribution.

Nehmen Sie an, Sie wollen alle Ihre Vorlagen in eine einzige Datei übersetzen und diese dann an den Client übertragen. Dann kann die Ausgabe des letzten Beispiels *jsOut* folgendermaßen gespeichert werden:

```
1   fs.writeFileSync("templates.js", jsOut);
```

Die Datei *templates.js*, die daraus entsteht, enthält dann die oben definierte Funktion *templateFunction*:

```
1   function templateFunction(locals) {
2     var buf = [];
3     var pug_mixins = {};
4     var pug_interp;
5
6     var locals_for_with = (locals || {});
7
8     (function (author) {
9       buf.push("<h1>Dies ist eine Vorlage</h1><h2>Von "
10        + (pug.escape((pug_interp = author) == null ? '' : pug_interp))
11        + "</h2>");
12    }.call(this, "author" in locals_for_with ?
13      locals_for_with.author : typeof author !== "undefined" ?
14      author : undefined)
15    );
16
17    return buf.join("");
18  }
```

Damit das funktioniert, muss auch die Laufzeitumgebung von *Pug*
verfügbar sein. Sie steht unter dem Namen *runtime.js* zur Verfügung. Im HTML des Clients sieht das dann folgendermaßen aus:

```
1   <!DOCTYPE html>
2   <html>
3     <head>
4       <script src="/runtime.js"></script>
5       <script src="/templates.js"></script>
6     </head>
7
8     <body>
9       <h1>Dies ist eine Vorlage</h1>
10
11      <script type="text/javascript">
12        var html = window.templateFunction({author: "Joerg"});
13        var div = document.createElement("div");
14        div.innerHTML = html;
15        document.body.appendChild(div);
16      </script>
17    </body>
18  </html>
```

## pug.render(source, options)

Diese Funktion rendert direkt in HTML:

```
1  var pug = require('pug');
2  var html = pug.render('p Pug ist cool!', options);
```

Das HTML sieht nun so aus:

```
1  <p>Pug ist cool!</p>
```

## pug.renderFile(filename, options)

Auch diese Funktion rendert direkt in HTML, nutzt aber als Eingabe eine Datei:

```
1  var pug = require('pug');
2
3  var html = pug.renderFile('views/file.pug', options);
```

# 9. Die Pug-Kommandozeile

Die Kommandozeile kann Hilfsfunktionen direkt ausführen, beispielsweise Seiten vorab in statisches HTML übersetzen.

## 9.1 Kommandozeile installieren

Die Installation erfolgt via **npm** (*-g* steht für global):

```
1   $ npm install pug -g
```

**CLI**

Kommandzeilenwerkzeuge werden oft als "CLI" bezeichnet – Command Line Interface.

## 9.2 Benutzung und Optionen

Die Benutzung der Kommandozeile sieht folgendermaßen aus:

```
1   $ pug [options] [dir|file ...]
```

Tabelle: Optionen *Pug*-CLI

## Optionen

| | |
|---|---|
| -h, --help | Hilfe zur Benutzung |
| -V, --version | Version der Bibliothek |
| -O, --obj ‹path\|str› | JavaScript-Optionen oder JSON-Datei mit einem passende▮ |
| -o, --out ‹dir› | Ausgabeverzeichnis für das HTML |
| -p, --path ‹path› | Dateipfad zum Auflösen von includes |
| -P, --pretty | HTML Ausgabe wird lesbar gestaltet |
| -c, --client | Übersetzungsfunktion für die clientseitige *runtime.js* |
| -n, --name ‹str› | Der Name des übersetzten Templates (erfordert –client) |
| -D, --no-debug | Ohne Debugger übersetzen (kleinere Funktionen) |
| -w, --watch | Überwacht Dateien auf Änderungen und rendert neu |
| -E, --extension ‹ext› | Gibt die Dateierweiterung für die Ausgabe an |
| --name-after-file | Name des Templates nach dem letzten Segment des Dateip▮ (erfordert –client, überschrieben durch –name) |
| --doctype ‹str› | Bestimmt den Doctype auf der Kommandzeile (sinnvoll, w▮ |

# Anwendungsbeispiele für die Kommandozeile

Übersetzen Sie Vorlagen lokal wie folgt:

```
$ pug templates
```

Erzeugen Sie zwei HTML-Dateien , "foo.html" und "bar.html":

```
$ pug {foo,bar}.pug
```

*Pug*-Ergebnisse können über stdio ausgegeben werden:

```
$ pug ‹my.pug› my.html
```

Eine Umleitung auf *Pug* erfolgt durch das Pipe-Symbol:

```
1    $ echo "h1 pug!" | pug
```

Rendern Sie die Verzeichnisse "foo" und "bar" nach */tmp*:

```
1    $ pug foo bar --out /tmp
```

# Anhang

## Konfiguration der Datei package.json

Dieser Abschnitt fasst alle Eigenschaften für die Konfiguration der Datei *package.json* zusammen.

### Bedeutung der Konfigurationselemente

Die Eigenschaften können vielfältige Effekte haben. Es ist empfehlenswert, sich mit einigen davon am Anfang genauer auseinanderzusetzen. Die Konfiguration des Paketes selbst, also die Ausführung von **npm-config**, hat Einfluss auf die verfügbaren Eigenschaften.

Einige Eigenschaften sind nur relevant, wenn die Applikation als neues Paket wieder auf NPM veröffentlicht werden soll. In den meisten Fällen trifft dies eher nicht zu. Sie können die entsprechenden Optionen dann ignorieren.

### name

Name und Version sind die wichtigsten Felder. Der Name ist eine Pflichtangabe. Aus Namen und Version wird eine eindeutige ID des Pakets erstellt. Dabei wird unterstellt, dass Ihre Applikation als Paket selbst wiederum installierbar wird. Das ist praktisch und sinnvoll, aber nicht unbedingt notwendig. Für den Namen gibt es aufgrund der Kopplung an den Paketmanager einige Regeln:

- Der Name darf maximal 214 Zeichen haben
- Der Name darf nicht mit einem Punkt oder Unterstrich beginnen

- Großbuchstaben sind nicht erlaubt
- Der Name wird sowohl auf der Kommandozeile als auch als Teil eines URL benutzt, die Namenswahl muss also den in diesen Umgebungen vorherrschenden Bedingungen entsprechen

Außerdem sollten Sie unbedingt Kollisionen mit vorhandenen Paketen vermeiden. Namensbestandteile wie "node" oder "js" sind keine so gute Idee. Das es sich um JavaScript "js" handelt, ist eigentlich klar.

## version

Wenn Pakete veröffentlicht werden sollen, ist die Version enorm wichtig. Jedes Paket wird weiterentwickelt und dann muss eine Unterscheidung getroffen werden. Das Paket **node-semver** muss die Versionsnummer verarbeiten können. Dazu später mehr.

## description

Es ist hilfreich, eine sinnvoll Beschreibung anzugeben.

## keywords

Schlüsselwörter dienen dazu, Pakete im Repository zu finden. Wenn Sie ihr Paket nicht veröffentlichen, können Sie das Feld weglassen.

## homepage

Falls es eine Homepage gibt, geben Sie hier die URL an. Verwechseln Sie diese Eigenschaft nicht mit url.

## bugs

Auch hier wird eine URL eingetragen, und zwar zu einer Bugtracking-Applikation. Dies ist ein Objekt mit zwei weiteren Eigenschaften.

```
1  {
2    url" : "https://github.com/joergisageek/nodejs-samples",
3    "email" : "bugs@joergkrause.de"
4  }
```

## license

Für veröffentlichte Pakete finden Sie hier eine Möglichkeit, die Lizenz anzugeben. Sie finden praktische Vorschläge unter folgedem URL:

* *http://opensource.org/licenses*

Die heute üblichen Angaben entsprechen SPDX-Ausdrücken, beispielsweise:

```
{ "license": "(MIT OR Apache-2.0)" }
```

Soll das Paket unter keinen Umständen veröffentlicht werden, setzen Sie die Eigenschaft private auf true.

Wenn Sie dagegen veröffentlichen, dann nennen Sie den Autor (immer nur einer) und Mitarbeiter (ein Array von Personen).

## files

Dies ist ein Array von Dateien, die Teil des Pakets sind. Sie können hier einen Ordner angeben, dessen Inhalt dann vollständig geladen wird. Es gibt aber weitere Regeln, die Elemente aus dem Ordner ausschließen können. So ist es beispielsweise möglich, eine Datei mit dem Namen *.npmignore* anzugeben (in der Wurzel des Projekts), in der Dateien aufgelistet sind, die nicht Teil des Pakets werden sollen.

## main

Dies ist die Modul-ID, die als primärer Eintrittspunkt in die Applikation dient. Wenn das Paket als Teil einer anderen Applikation benutzt wird, kann der Entwickler dieser Applikation die Benutzung wie folgt anfordern:

```
require('Modul-ID')
```

In diesem Augenblick wird das Skript aufgerufen, dass in main angegeben wurde. Normalerweise sollte hier nur das exports-Objekt
stehen, also die öffentlich verfügbaren Elemente. Die Angabe eines
Skripts ist relativ zum Stammordner.

## bin

Hier werden ausführbare Dateien angegeben, die im Pfad (PATH) des
Betriebssystems verfügbar gemacht werden. Mit bin wird eine Liste
von Kommandos vereinbart, denen ausführbare Befehle zugeordnet
sind. **npm** wird einen Link auf *prefix/bin* bei globalen Kommandos
erstellen. Bei lokalen Befehlen wird dagegen der Pfad *./node_modu-
les/.bin/* benutzt. Ein Beispiel sieht folgendermaßen aus:

```
1  {
2    "bin" : {
3    "myapp" : "./cli.js"
4    }
5  }
```

Hiermit wird das Skript *cli.js* über das Kommando */usr/local/bin/-
myapp* ausgeführt.

### Linux und Windows

Dies funktioniert in der gezeigten Form nicht nur
unter Unix-Betriebssystemen. Für Windows erstellt
**npm** einen Wrapper auf die Kommandozeile **cmd**,
über die dann Node aufgerufen wird. Dazu muss das
Skript mit der Zeile #!/usr/bin/env node eingeleitet werden. Windows ignoriert dies zwar, aber der
Wrapper reagiert darauf.

## directories

Mit dieser Eigenschaft kann die Struktur des Pakets deklariert werden. Die meisten Werte sind mehr oder weniger frei nutzbar, es handelt sich mehr um Metadaten.

- *lib*: Die Masse der Bausteine einer Bibliothek
- *bin*: Elemente in diesem Ordner werden als Kindelemente des `bin`-Pfades behandelt, falls dort nichts ist
- *man*: Die Liste der Anleitungen (`man`-Seiten)
- *doc*: Dokumentationen in Markdown
- *example*: Beispiele

## repository

Der Platz, wo der Code liegt. Dies ist für andere Entwickler wichtig, die an der Entwicklung partizipieren.

```
1  "repository" : {
2    "type" : "git",
3    "url" : "https://github.com/npm/npm.git"
4  }
5
6  "repository" : {
7    "type" : "svn",
8    "url" : "https://v8.googlecode.com/svn/trunk/"
9  }
```

Die URL sollte für alle Beteiligten öffentlich sein. Das Repository darf aber schreibgeschützt sein. Versionskontrollsysteme sollten in der Lage sein, die angegebene URL direkt zu verarbeiten. Denken Sie daran, hier nicht auf eine HTML-Seite zu verweisen. Diese Angabe ist für eine Maschine, nicht für Menschen.

Einige wichtige öffentliche Repositories haben Kurzformen:

- "repository": "npm/npm"
- "repository": "gist:11081aaa281"
- "repository": "bitbucket:example/repo"
- "repository": "gitlab:another/repo"

## scripts

Jedes Paket hat eine bestimmte Lebensdauer mit verschiedenen
Phasen. Diese Eigenschaft legt fest, welche Skripte zu welchen Phasen abgearbeitet werden sollen. Phasen sind beispielsweise "start"
oder "test":

```
 1   {
 2     "name": "death-clock",
 3     "version": "1.0.0",
 4     "scripts": {
 5       "start": "node server.js",
 6       "test": "mocha --reporter spec test"
 7     },
 8     "devDependencies": {
 9       "mocha": "^1.17.1"
10     }
11   }
```

## config

Das Konfigurationsobjekt bildet benutzerspezifische Einstellungen
ab. Die Angabe umfasst Standardeinstellungen.

```
 1   {
 2     "name" : "mein-paket",
 3     "config" : {
 4       "port" : "8080"
 5     }
 6   }
```

Der Benutzer des Paketes kann dieses dann bei der Installation mit
Änderungen dieser Einstellungen versehen. Im Paket selbst ist das

Konfigurationsobjekt global verfügbar. Änderungen erfolgen mit **npm**:

```
npm config set mein-paket:port 8001
```

## dependencies

Abhängigkeiten werden mittels Namen und Versionsnummern definiert. Pakete können lokal existieren oder von Git geladen werden.

 **Entwicklerpakete**

Pakete, die speziell den Entwicklungsprozess unterstützen, sollten hier nicht angegeben werden. Dies betrifft beispielsweise Transpiler oder Testumgebungen. Für diese ist der Parameter devDependencies zuständig.

Für die Versionsnummer gibt es eine spezielle Semantik:

- version: Die Version muss exakt stimmen
- &gt;version: Version muss größer sein als die Angabe
- &gt;=version: Version muss größer oder gleich sein als die Angabe
- &lt;version: Version muss kleiner sein als die Angabe
- &lt;=version: : Version muss kleiner oder gleich sein als die Angabe
- ~version: Haupt- und Unterversion muss passen
- ^version: : Version muss kompatibel sein
- * oder "": Jede Version
- version1 - version2: Entspricht >=version1 <=version2
- bereich1 || bereich2: Entweder bereich1 oder bereich2
- Url oder Pfad

Alle folgenden Angaben sind gültige Verweise:

```
1   { "dependencies" :
2     { "foo" : "1.0.0 - 2.9999.9999"
3     , "bar" : ">=1.0.2 <2.1.2"
4     , "baz" : ">1.0.2 <=2.3.4"
5     , "boo" : "2.0.1"
6     , "qux" : "<1.0.0 || >=2.3.1 <2.4.5 || >=2.5.2 <3.0.0"
7     , "asd" : "http://asdf.com/asdf.tar.gz"
8     , "til" : "~1.2"
9     , "elf" : "~1.2.3"
10    , "two" : "2.x"
11    , "thr" : "3.3.x"
12    , "lat" : "latest"
13    , "dyl" : "file:../dyl"
14    }
15  }
```

Wird eine URL angegeben, kann sich dahinter ein komprimiertes
Paket (Tarball) verbergen. Wenn dies der Fall ist, wird das Paket
ohne Rücksicht auf die Version geladen und lokal zur Applikation
installiert. Als Quelle kann auch ein Repository eines Git-Servers,
insbesondere natürlich Github, dienen. URLs, die auf Git verweisen,
können folgende Formate haben:

```
1   git://github.com/user/project.git#commit-ish
2   git+ssh://user@hostname:project.git#commit-ish
3   git+ssh://user@hostname/project.git#commit-ish
4   git+http://user@hostname/project/blah.git#commit-ish
5   git+https://user@hostname/project/blah.git#commit-ish
```

Die Angaben für den Platzhalter *commit-ish* kann ein Tag (Marke),
SHA-Fingerabdruck (Hash) oder der Name eines Zweiges (branch)
sein. Wird nichts angegeben, ist der Wert "master".

Wird das Format "user/project" benutzt, erfolgt automatisch ein
Zugriff auf Github.

```
1  {
2    "name": "foo",
3    "version": "0.0.0",
4    "dependencies": {
5      "express": "visionmedia/express",
6      "mocha": "visionmedia/mocha#4727d357ea"
7    }
8  }
```

Lokale Pfade werden über den Moniker file: angesprochen. Wird npm install --save benutzt, werden die Daten lokal zum Projekt gespeichert:

```
1  ../foo/bar
2  ~/foo/bar
3  ./foo/bar
4  /foo/bar
```

Wird **npm** benutzt, so werden die Pfade beim Eintragen in die Datei *package.json* immer normalisiert und relativ angegeben:

```
1  {
2    "name": "baz",
3    "dependencies": {
4      "bar": "file:../foo/bar"
5    }
6  }
```

Die Angabe lokaler Pfade kann sinnvoll sein für Entwicklungen, bei denen der Zugriff auch offline möglich sein soll. Werden Pakete dagegen später veröffentlicht, sollten Sie lokale Pfade unbedingt vermeiden.

## devDependencies

Mit dieser Angabe werden alle Abhängigkeiten definiert, die nur für den Entwicklungszeitraum benötigt werden. Sie verhalten sich ansonsten genau wie bei dependencies beschrieben.

```
 1   { "name": "coffee-project",
 2     "description": "Ein Projekt, dass Coffee-Script benutzt",
 3     "version": "1.2.3",
 4     "devDependencies": {
 5       "coffee-script": "~1.6.3"
 6     },
 7     "scripts": {
 8       "prepublish": "coffee -o lib/ -c src/book.coffee"
 9     },
10     "main": "lib/server.js"
11   }
```

Hier wird der Transpiler "Coffeescript" benutzt. Beim Veröffentlichen wird der Transpiler benutzt, um die CoffeeScript-Dateien in JavaScript zu übersetzen und dann werden die fertigen Dateien ausgeliefert.

## peerDependencies

In einigen Fällen soll eine bestimmte Kompatibilität mit einem Werkzeug oder einer Bibliothek garantiert werden, ohne dass dieses Werkzeug oder diese Bibliothek benutzt wird. Damit wird angezeigt, dass eine Benutzung möglich sein kann.

```
 1   {
 2     "name": "book-sample",
 3     "version": "1.3.5",
 4     "peerDependencies": {
 5       "book-node": "2.x"
 6     }
 7   }
```

Diese Angabe zeigt an, dass das Paket "book-sample" mit der Version 2.x des Pakets "book-node" kompatibel ist. Das Kommando npm install book-sample wird folgende Abhängigkeiten auflösen, wenn von "book-node" eine Version 2.3.0 existiert:

```
1  ├── book-sample@1.3.5
2  └── book-node@2.3.0
```

Der Einsatz dieser Einstellung dient vor allem der Konfiguration von Plugins. Hier ist das Plugin von seinem "Host" abhängig, benötigt diesen jedoch nicht explizit, um installiert zu werden.

## bundledDependencies

Abhängigkeiten in diesem Abschnitt werden beim Veröffentlichen als Teil des Pakets mit verteilt.

## optionalDependencies

Optionale Abhängigkeiten werden aufgelöst und wie reguläre behandelt, wenn die Pakete gefunden werden. Falls **npm** jedoch einen Namen nicht auflösen kann, wird normalerweise ein Fehler erzeugt. Mit optionalen Abhängigkeiten wird **npm** jedoch einfach fortsetzen, wenn die Auflösung misslingt.

Das Programm selbst muss natürlich auf das fehlende Paket reagieren, sonst werden zur Laufzeit Fehler auftreten. Dies kann beispielsweise folgendermaßen aussehen:

```
1  try {
2    var foo = require('foo')
3    var fooVersion = require('foo/package.json').version
4  } catch (er) {
5    foo = null
6  }
7  if (checkVersion(fooVersion) ) {
8    foo = null
9  }
10
11 // Im Programm:
12
13 if (foo) {
14   foo.doFooThings()
15 }
```

Hier wird der Befehl `require` fehlschlagen, weil ein optionales
Paket nicht geladen wurde. Die private Methode `checkVersion` wird
benutzt, um das Paket, falls es geladen wurde, auf die korrekte
Version hin zu überprüfen. Die vom Paket gelieferte Funktionalität
wird nur dann aufgerufen, wenn das Paket geladen wurde und in
der richtigen Version vorliegt.

## engines

Mit dieser Angabe wird eine bestimmte Version von Node selbst
bestimmt:

```
1   {
2     "engines" : {
3       "node" : ">=0.10.3 <0.12"
4     }
5   }
```

 Verwechseln Sie die Angabe nicht mit dem Begriff
"Engine", der auch für ein Webframework wie "Express" benutzt wird.

Neben Node kann auch die Version von **npm** bestimmt werden:

```
1   {
2     "engines" : {
3       "npm" : "~1.0.20"
4     }
5   }
```

## os

Einige Funktionen von Node können abhängig vom Betriebssystem
sein. Sie können deshalb bestimmen, auf welchen Betriebssystemen
das Paket benutzt werden kann:

```
"os" : [ "darwin", "linux" ]
```

Es ist oft einfacher, ein nicht unterstütztes Betriebssystem auszuschließen und damit alle anderen zu erlauben:

```
"os" : [ "!win32" ]
```

In node selbst dient der Aufruf von process.platform dazu, den Namen des Betriebssystems zu ermitteln.

## cpu

Mit dieser Angabe wird die Prozessorarchitektur bestimmt.

```
"cpu" : [ "x64", "ia32" ]
```

Auch hier können einzelne Architekturen ausgeschlossen werden:

```
"cpu" : [ "!arm", "!mips" ]
```

Node liefert den tatsächlichen Wert zur Laufzeit über process.arch.

## preferGlobal

Falls es sich bei dem Paket um ein Werkzeug, eine Kommandozeile oder ein globales Skript handelt, dient diese Angabe dazu, dies anzuzeigen. Es ist möglich, das Paket dennoch lokal zu installieren, es wird dann jedoch eine Warnung angezeigt. Der Wert ist Boolesch ("true" oder "false").

## private

Private Pakete, die nicht dafür bestimmt sind, veröffentlicht zu werden, werden als private gekennzeichnet. Der Wert ist Boolesch ("true" oder "false"). Dies verhindert das versehentliche Publizieren an ein Repository.

## publishConfig

Die hier untergebrachten Werte werden zum Zeitpunkt der Veröffentlichung benutzt. Das betrifft vor allem die Eigenschaft `tag` und `registry`. Damit kann verhindert werden, dass ein Paket automatisch den Wert "latest" bekommt, obwohl es sich um der Pfad einer früheren Version handelt.

## Die Standardwerte

**npm** nutzt einige Standardwerte, wenn die entsprechenden Angaben fehlen.

```
"scripts": {"start": "node server.js"}
```

Falls die Datei *server.js* existiert, wird angenommen, das es die Startdatei ist.

```
"scripts":{"preinstall": "node-gyp rebuild"}
```

Falls eine Datei mit dem Namen *binding.gyp* existiert, wird node-gyp benutzt.

 **Gyp**

"node-gyp" ist ein Kommandozeilenwerkzeug, das native Erweiterungen für Node übersetzt. Es dient dazu, native Pakete plattformunabhängig bereitzustellen. Das Werkzeug kümmert sich um die Besonderheiten verschiedener Plattformen. Siehe dazu auch:

*https://github.com/nodejs/node-gyp*.

```
"contributors": [...]
```

Falls eine Datei *AUTHORS* existiert, wird jede Zeile als ein Eintrag im Array benutzt. Das Format jeder Zeile ist dabei "Name <email> (url)". Zeilen mit einem "#" oder Leerzeichen am Anfang werden ignoriert.

# Schnellübersicht

Die Schnellübersicht fasst alle integrierten Node-Funktionen übersichtlich zusammen.

## HTTP

```
var http = require('http');
```

Der einfachste Webserver auf einen Blick:

```
1  http.createServer(function (request, response) {
2    response.writeHead(200, {'Content-Type': 'text/plain'});
3    response.end('Hello World\n');
4  }).listen(8124);
5
6  console.log('Server running at http://127.0.0.1:8124/');
```

**http.STATUS_CODES;**
Alle Status-Codes und eine kurze Beschreibung dazu.

**http.request(options, [callback]);**
Funktion zum Senden von Anforderungen.

**http.get(options, [callback]);**
Eine vollständige 'GET'-Anforderung inklusive end-Aufruf.

## Server

**server = http.createServer([requestListener]);**
Erstellt ein neues Web-Server-Objekt. Die Rückruffunktion *requestListener* empfängt die Anfrage.

**server.listen(port, [hostname], [backlog], [callback]);**
Start des Empfangens von Nachrichten mit Host und Port.

`server.listen(path, [callback]);`
> Start des Empfangens von Nachrichten mit UNIX Socket und Pfad.

`server.listen(handle, [callback]);`
> Start des Empfangens von Nachrichten mit Handle (kann Server oder Socket sein).

`server.close([callback]);`
> Beendet das Empfangen von Nachrichten.

`server.setTimeout(msecs, callback);`
> Die maximale Zeit, die auf eine Verbindung gewartet wird.

`server.maxHeadersCount;`
> Die maximale Anzahl von Kopffeldern, die akzeptiert werden. 1000 ist der Standard, 0 steht für unbegrenzt.

`server.timeout;`
> Die maximale Zeit, die auf eine Verbindung gewartet wird. Einstellung erfolgt durch `setTimeout`.

`server.on('request', function (request, response) { });`
> Ereignis, das bei jeder Anforderung (request) feuert.

`server.on('connection', function (socket) { });`
> Ereignis das feuert, wenn ein neuer TCP-Stream erstellt wurde.

`server.on('close', function () { });`
> Ereignis das feuert, wenn die Verbindung geschlossen wurde.

`server.on('checkContinue', function (request, response) { });`
> Ereignis, das feuert, wenn ein *Expect: 100-continue* erkannt wurde.

```
server.on('connect', function (request, socket, head) { });
```

Ereignis, dass bei jedem Verbindungsversuch feuert (HTTP-CONNECT).

```
server.on('upgrade', function (request, socket, head) { });
```
Ereignis, dass bei jeder Upgradeanforderung (request) feuert, also Wechsel von HTTP 1.1 auf 2.0 oder auf WebSockets.

```
server.on('clientError', function (exception, socket) { });
```

Ereignis, dass bei jedem Fehlerzustand des Clients feuert.

## Request

```
request.write(chunk, [encoding]);
```
Sendet einen Teil Daten.

```
request.end([data], [encoding]);
```
Beendet das Senden der Daten, noch nicht gesendete Daten werden jetzt übertragen.

```
request.abort();
```
Bricht eine Anforderung ab.

```
request.setTimeout(timeout, [callback]);
```
Setzt die Zeitbegrenzung für das unterliegende Socket.

```
request.setNoDelay([noDelay]);
```
Schaltet den Nagle-Algorithmus aus. Dieser dient bei TCP zum Puffern von Daten vor dem Senden.

```
request.setSocketKeepAlive([enable], [initialDelay]);
```
Hält die Verbindung offen.

```
request.on('response', function(response) { });
```
Ereignis das feuert, wenn eine Antwort empfangen wurde.

```
request.on('socket', function(socket) { });
```
Ereignis das feuert, wenn ein Socket zugewiesen wurde.

```
request.on('connect', function(response, socket, head) { });
```

Ereignis das feuert, wenn ein Server eine Anfrage mit CON-
NECT beantwortet. Wird dies nicht behandelt, wird die Verbindung wieder geschlossen.

```
request.on('upgrade', function(response, socket, head) { });
```

Ereignis das feuert, wenn der Server eine Upgrade-Anfrage
beantwortet.

```
request.on('continue', function() { });
```
Ereignis das feuert, wenn der Server *100 Continue* sendet
(meist als Reaktion auf eine Anfrage mit *Expect: 100-continue*).

## Response

```
response.write(chunk, [encoding]);
```
Sendet einen Teil der Antwort. Kopffelder werden zuvor
gesendet, wenn dies mit `writeHead` davor nicht erfolgt ist.

```
response.writeContinue();
```
Sendet *HTTP/1.1 100 Continue*.

```
response.writeHead(statusCode, [reasonPhrase], [headers]);
```

Sendet die Kopffelder.

```
response.setTimeout(msecs, callback);
```
Festlegen der maximalen Zeitüberschreitung.

```
response.setHeader(name, value);
```
Erstellt ein Kopffeld. Ein bereits vorhandener mit demselben
Namen wird ersetzt. Werden mehrere identische Kopffelder
benötigt, kann ein Array benutzt werden.

`response.getHeader(name);`
Ermittelt ein Kopffeld, das bereitgestellt aber noch nicht gesendet wurde.

`response.removeHeader(name);`
Entfernt ein Kopffeld, das bereitgestellt aber noch nicht gesendet wurde.

`response.addTrailers(headers);`
Fügt das HTTP-Trailing Kopffeld ein

`response.end([data], [encoding]);`
Signalisiert, dass alle Kopffelder und Daten gesendet wurden. Muss benutzt werden.

`response.statusCode;`
Statuscode, der gesendet wird, wenn die Kopffelder implizit gesendet werden. Beim expliziten Senden mit `writeHead` wird der Code von dieser Methode benutzt.

`response.headersSent;`
Ergibt `true`, wenn die Kopffelder gesendet worden sind.

`response.sendDate;`
Wen `true`, wird das Datums-Kopffeld *Date* automatisch erzeugt.

`response.on('close', function () { });`
Ereignis das feuert, wenn die Verbindung vor der Benutzung von `end` geschlossen wurde.

`response.on('finish', function() { });`
Ereignis das feuert, wenn die Antwort gesendet worden ist.

## Message

`message.httpVersion;`
Die Version des Protokolls HTTP.

`message.headers;`
> Ein Objekt mit Kopffeldern.

`message.trailers;`
> Trailer nach end (beim Senden in Blöcken).

`message.method;`
> Die Methode (oder Verb), also GET, POST etc.

`message.url;`
> Die URL.

`message.statusCode;`
> Der Statuscode (100, 200, 404 etc.)

`message.socket;`
> Das unterliegende Socket-Objekt.

`message.setTimeout(msecs, callback);`
> Bestimmt das Zeitlimit der Verbindung.

## Global

`__filename;`
> Name der ausgeführten Datei als absoluter Pfad.

`__dirname;`
> Name des aktuellen Ordners.

`module;`
> Referenz zum aktuellen Modul. `module.exports` stellt die Daten bereit, die mit `require` angefordert werden können.

`exports;`
> Eine Abkürzung für `module.exports`.

`process;`
> Der Prozess, unter dem das aktuelle Skript ausgeführt wird.

`Buffer;`
Die Klasse, mit der der Umgang mit binären Daten erfolgt.

## Console

`console.log([data], [...]);`
Ausgabe auf Standardausgabe mit Umbruch.

`console.info([data], [...]);`
Ausgabe auf Standardausgabe mit Umbruch.

`console.error([data], [...]);`
Ausgabe auf Fehlerausgabe mit Umbruch.

`console.warn([data], [...]);`
Ausgabe auf Fehlerausgabe mit Umbruch.

`console.dir(obj);`
Nutzt `util.inspect` für eine formatierte Ausgabe von Objekte.

`console.time(label);`
Startet eine Zeitmessung.

`console.timeEnd(label);`
Beendet die Zeitmessung.

`console.trace(label);`
Gibt den Stacktrace (Stapelinformation) aus.

`console.assert(expression, [message]);`
Testet einen Ausdruck und wirft eine `AssertionError`-Ausnahme, wenn der Ausdruck `false` ergibt.

## Timer

`setTimeout(callback, delay, [arg], [...]);`
Verzögert die einmalige Ausführung einer Rückruffunktion.

```
clearTimeout(t);
```
> Stoppt die Ausführung.

```
setInterval(callback, delay, [arg], [...]);
```
> Verzögert die mehrmalige Ausführung einer Rückruffunktion.

```
clearInterval(t);
```
> Stoppt die Ausführung der Intervalle.

```
setImmediate(callback, [arg], [...]);
```
> Eine höher priorisierte Rückruffunktion.

```
clearImmediate(immediateObject);
```
> Stoppt die Ausführung.

```
unref();
```
> Zeitgeber, der nur solange ausgeführt wird, wie Node läuft.

```
ref();
```
> Zeitgeber, der, solange er ausgeführt wird, Node offen hält.

## Module

Module können aus einer Datei geladen werden:

```
1  var module = require('./module.js');
```

Folgendermaßen laden Sie ein Modul, wenn `require` in diesem Modul aufgerufen wurde:

```
1  module.require('./another_module.js');
```

```
module.id;
```
> Die ID des Moduls; normalerweise ist dies der Dateiname.

**module.filename;**
Der Dateiname des Moduls.

**module.loaded;**
Zustand des Ladevorgangs; wird `true`, wenn das Modul vollständig geladen ist.

**module.parent;**
Das Modul, dass das aktuelle Modul angefordert hat.

**module.children;**
Die Module, die angefordert wurden.

Auf direktem Wege können öffentliche Schnittstellen bereitgestellt werden:

```
exports.area = function (r) {
  return 3.14 * r * r;
};
```

Soll jedoch ein Konstruktor oder ein komplexes Objekt mit mehreren Eigenschaften exportiert werden, nutzen Sie folgende Syntax:

```
module.exports = function(width) {
  return {
    area: function() {
      return width * width;
    }
  };
}
```

## Prozess

**process.on('exit', function(code) {});**
Ereignis das feuert, wenn ein Prozess endet.

`process.on('uncaughtException', function(err) {});`
> Ereignis das feuert, wenn eine Ausnahme nicht verarbeitet (gefangen) wurde.

`process.stdout;`
> Ein schreibbarer Stream zur Standardausgabe.

`process.stderr;`
> Ein schreibbarer Stream zur Fehlerausgabe.

`process.stdin;`
> Ein lesbarer Stream zur Standardeingabe.

`process.argv;`
> Die Argumente der Kommandozeile.

`process.env;`
> Die Benutzerumgebung der Konsole.

`process.execPath;`
> Pfad der ausführbaren Datei des Prozesses.

`process.execArgv;`
> Node-spezifische Kommandozeilenoptionen.

`process.arch;`
> Die Prozessorarchitektur ('arm', 'ia32' oder 'x64').

`process.config;`
> Ein JSON-Objekt das die Optionen enthält, mit denen Node kompiliert wurde.

`process.pid;`
> PID des Prozesses.

`process.platform;`
> Die Plattform, z.B. 'darwin', 'freebsd', 'linux', 'sunos' oder 'win32'.

`process.title;`
Name des Prozesses bei Ausgaben, schreibbar.

`process.version;`
Ausgabe von *NODE_VERSION*.

`process.versions;`
Versionen von Node und abhängigen Modulen.

`process.abort();`
Beendet Node und erzeugt einen Dump.

`process.chdir(dir);`
Ändert das Arbeitsverzeichnis für Node.

`process.cwd();`
Ändert das Arbeitsverzeichnis für den Prozess.

`process.exit([code]);`
Beendet eine Prozess.

`process.getgid();`
Liest die ID der Prozessgruppe.

`process.setgid(id);`
Schreibt die ID der Prozessgruppe.

`process.getuid();`
Liest die ID der Identität, unter der der Prozess läuft.

`process.setuid(id);`
Schreibt die ID der Identität, unter der der Prozess läuft.

`process.getgroups();`
Liest die Gruppen-IDs der Prozessgruppe.

`process.setgroups(grps);`
Schreibt die Gruppen-IDs der Prozessgruppe.

`process.initgroups(user, extra_grp);`
    Liest und initialisiert die Zugriffsliste für Gruppen.

`process.kill(pid, [signal]);`
    Sendet 'kill' an den Prozess.

`process.memoryUsage();`
    Ermittelt ein Objekt, das den Zustand des Speichers be-
    schreibt.

`process.nextTick(callback);`
    Aufruf der Rückruffunktion *callback* beim nächsten Tick der
    Ereignisschleife.

`process.umask([mask]);`
    Schreibt oder liest die Rechte des Prozesses.

`process.uptime();`
    Die Zeit, die Node bereits läuft.

`process.hrtime();`
    Ein hochauflösendes Array [`seconds, nanoseconds`] der rea-
    len Zeit.

## ChildProcess

`ChildProcess;`
    Klasse zur Behandlung von Unterprozessen.

`child.stdin;`
    Ein schreibbarer Stream zur Standardeingabe.

`child.stdout;`
    Ein lesbarer Stream zur Standardausgabe.

`child.stderr;`
    Ein lesbarer Stream zur Fehlerausgabe.

`child.pid;`
PID des Prozesses.

`child.connected;`
Ergibt true, wenn der Unterprozess Nachrichten empfangen kann.

`child.kill([signal]);`
Beendet den Prozess.

`child.send(message, [sendHandle]);`
Sendet eine Nachricht.

`child.disconnect();`
Beendet die Verbindung zum Unterprozess.

`child_process.spawn(command, [args], [options]);`
Startet einen neuen Prozess mit Argumenten.

`child_process.exec(command, [options], callback);`
Startet einen neuen Prozess in einer Kommandzeile (Shell).

`child_process.execFile(file, [args], [options], [callback]);`

Startet einen neuen Prozess durch Aufruf einer ausführbaren Datei in einer Kommandzeile (Shell).

`child_process.fork(modulePath, [args], [options]);`
Wie spawn, aber mit einem Kommunikationskanal.

## Util

`util.format(format, [...]);`
Formatierte Ausgabe wie printf (%s, %d, %j).

`util.debug(string);`
Synchrone Ausgabe zur Fehlerausgabe mit Puffer.

`util.error([...]);`
Synchrone Ausgabe zur Fehlerausgabe ohne Puffer.

`util.puts([...]);`
Synchrone Ausgabe zur Standardausgabe mit Zeilenumbruch nach jedem Argument.

`util.print([...]);`
Synchrone Ausgabe zur Standardausgabe ohne Zeilenumbruch nach jedem Argument.

`util.log(string);`
Ausgabe mit Zeitstempel zur Standardausgabe.

`util.inspect(object, [opts]);`
Zeichenkettendarstellung von Objekten. *opts* kann `showHidden`, `depth`, `colors` und `customInspect` enthalten.

`util.isArray(object);`
Prüft, ob ein Objekt ein Array ist.

`util.isRegExp(object);`
Prüft, ob ein Objekt ein regulärer Ausdruck (in Objektform, `RegExp`) ist.

`util.isDate(object);`
Prüft, ob ein Objekt ein Datum (in Objektform, `Date`) ist.

`util.isError(object);`
Prüft, ob ein Objekt ein Fehlerobjekt (`Error`) ist.

`util.inherits(constructor, superConstructor);`
Erbt prototypische Methoden von einem Konstruktor zu einem anderen.

# Ereignisse

`emitter.addListener(event, listener);`
Fügt ein Ereignis und die passenden Ereignisbehandlungsmethode hinzu.

`emitter.on(event, listener);`
Fügt ein Ereignis und die passenden Ereignisbehandlungsmethode hinzu. Kurzform zur bequemen Benutzung.

`emitter.once(event, listener);`
Fügt ein Ereignis und die passenden Ereignisbehandlungsmethode hinzu. Die Methode wird nur einmal aufgerufen.

`emitter.removeListener(event, listener);`
Entfernt die Ereignisbehandlungsmethode von einem Ereignis.

`emitter.removeAllListeners([event]);`
Entfernt alle Ereignisbehandlungsmethoden von einem Ereignis.

`emitter.setMaxListeners(n);`
Legt die maximale Anzahl Ereignisbehandlungsmethoden fest. Standardmäßig wird ab 10 eine Warnung erzeugt.

`emitter.listeners(event);`
Gibt alle Ereignisbehandlungsmethoden als Array zurück.

`emitter.emit(event, [arg1], [arg2], [...]);`
Führt alle Ereignisbehandlungsmethoden mit den Argumenten aus.

`EventEmitter.listenerCount(emitter, event);`
Ermittelt die Anzahl der Ereignisbehandlungsmethoden.

## Stream

Streams können schreibbar oder lesbar oder beides sein. Das hängt davon ab, wo Sie herkommen. `readable` steht nachfolgend für lesbare , `writable` dagegen für schreibbare Streams.

`readable.on('readable', function() {});`
> Feuert das Ereignis, wenn Daten lesbar sind.

`readable.on('data', function(chunk) {});`
> Wenn Daten blockweise eintreffen, feuert dieses Ereignis, wenn ein Datenblock ankommt.

`readable.on('end', function() {});`
> Wenn Daten blockweise eintreffen, feuert dieses Ereignis, wenn keine Daten mehr vorliegen.

`readable.on('close', function() {});`
> Feuert das Ereignis, wenn die Verbindung geschlossen wurde.

`readable.on('error', function() {});`
> Feuert das Ereignis, wenn ein Fehler auftrat.

`readable.read([size]);`
> List eine Anzahl Bytes.

`readable.setEncoding(encoding);`
> Setzt die Kodierung, wenn Zeichenketten benutzt werden.

`readable.resume();`
> Setzt das Senden von Ereignissen fort.

`readable.pause();`
> Stoppt das Senden von Ereignissen.

`readable.pipe(destination, [options]);`
> Liest alle Daten und schreibt sie zum Ziel.

`readable.unpipe([destination]);`
　　Beendet die Verbindung zwischen Quelle und Ziel, die mittels `pipe` aufgebaut wurde.

`readable.unshift(chunk);`
　　Gibt Daten zurück, die nicht benötigt werden, aber durch Optimierungen bereits vorab gelesen wurden.

`writable.write(chunk, [encoding], [callback]);`
　　Schreibt einen Datenblock in den Stream und ruft die Rückruffunktion auf, sobald dies beendet ist.

`writer.once('drain', write);`
　　Ein Ereignis das einmalig feuert, wenn Daten geschrieben wurden und der Stream bereit ist, mehr Daten anzunehmen.

`writable.end([chunk], [encoding], [callback]);`
　　Zeigt an, dass das Schreiben beendet wird.

`writer.on('finish', function() {});`
　　Ein Ereignis das feuert, wenn nach dem Ende der Übertragung mit end alle Daten an das Betriebssystem übergeben wurden.

`writer.on('pipe', function(src) {});`
　　Ein Ereignis das feuert, wenn auf einem lesbaren Stream eine weitere schreibbare Datensenke hinzugefügt wurde.

`writer.on('unpipe', function(src) {});`
　　Ein Ereignis das feuert, wenn auf einem lesbaren Stream eine schreibbare Datensenke entfernt wurde.

`writer.on('error', function(src) {});`
　　Ein Ereignis das feuert, wenn ein Fehler aufgetreten ist.

## File System

Von vielen Methoden gibt es eine synchrone (Sync) und asynchrone (ohne Kennzeichnung) Version. Asynchrone geben Daten über die Rückruffunktion zurück, synchrone als Rückgabewert. Bei asynchronen Funktionen werden Fehler als Ausnahmeobjekt als erstes Argument der Rückruffunktion zurückgegeben, bei synchronen Funktionen wird die Ausnahmen ausgelöst. Varianten mit dem Argument *fd* nutzen statt des Dateinamens eine Dateibeschreibung (file descriptor).

- `fs.rename(oldPath, newPath, callback);`
- **`fs.renameSync(oldPath, newPath);`**
  Benennt eine Datei um.
- `fs.ftruncate(fd, len, callback);`
- `fs.ftruncateSync(fd, len);`
- `fs.truncate(path, len, callback);`
- **`fs.truncateSync(path, len);`**
  Schneidete eine Datei an der Position ab.
- `fs.chown(path, uid, gid, callback);`
- `fs.chownSync(path, uid, gid);`
- `fs.fchown(fd, uid, gid, callback);`
- `fs.fchownSync(fd, uid, gid);`
- `fs.lchown(path, uid, gid, callback);`
- **`fs.lchownSync(path, uid, gid);`**
  Ändert den Besitzer einer Datei.
- `fs.chmod(path, mode, callback);`
- `fs.chmodSync(path, mode);`
- `fs.fchmod(fd, mode, callback);`
- `fs.fchmodSync(fd, mode);`
- `fs.lchmod(path, mode, callback);`
- **`fs.lchmodSync(path, mode);`**
  Ändert die Zugriffsrechte auf eine Datei.
- `fs.stat(path, callback);`
- `fs.statSync(path);`
- `fs.lstat(path, callback);`
- `fs.lstatSync(path);`

- `fs.fstat(fd, callback);`
- **`fs.fstatSync(fd);`**
  Gibt die Rechte einer Datei zurück. Der Präfix 'l' zeigt an, dass auf symbolische Links zugegriffen wird.
- `fs.link(srcpath, dstpath, callback);`
- `fs.linkSync(srcpath, dstpath);`
- **`fs.symlinkSync(srcpath, dstpath, [type]);`**
  Erstellt einen Link (hard link) bzw. symbolischen Link (soft link).
- `fs.readlink(path, callback);`
- **`fs.readlinkSync(path);`**
  Liest eine Link (nicht die dahinter liegende Datei).
- `fs.unlink(path, callback);`
- **`fs.unlinkSync(path);`**
  Löschte einen Link bzw. eine Datei, wenn der Pfad direkt auf eine Datei zeigt.
- `fs.realpath(path, [cache], callback);`
- **`fs.realpathSync(path, [cache]);`**
  Ermittelt den vollständigen, absoluten Pfad.
- `fs.rmdir(path, callback);`
- **`fs.rmdirSync(path);`**
  Entfernt einen Ordner.
- `fs.mkdir(path, [mode], callback);`
- **`fs.mkdirSync(path, [mode]);`**
  Erstellt einen Ordner. Der Standard-Mode ist 0777 (alle Rechte).
- `fs.readdir(path, callback);`
- **`fs.readdirSync(path);`**
  Liest den Inhalt eines Ordners und gibt eine Dateiliste zurück.
- `fs.close(fd, callback);`
- **`fs.closeSync(fd);`**
  Schließt eine Datei.

- `fs.open(path, flags, [mode], callback);`
- **`fs.openSync(path, flags, [mode]);`**
  Öffnet eine Datei für Lese- oder Schreiboperationen.
- `fs.utimes(path, atime, mtime, callback);`
- `fs.utimesSync(path, atime, mtime);`
- `fs.futimes(fd, atime, mtime, callback);`
- **`fs.futimesSync(fd, atime, mtime);`**
  Ändert das Dateidatum.
- `fs.fsync(fd, callback);`
- **`fs.fsyncSync(fd);`**
  Synchronisiert den Zustand der Datei mit dem Speichergerät.
- `fs.write(fd, buffer, offset, length, position, callback);`
- `fs.writeSync(fd, buffer, offset, length, position);`
- `fs.writeFile(filename, data, [options], callback);`
- **`fs.writeFileSync(filename, data, [options]);`**
  Schreibt Daten in eine Datei.
- `fs.read(fd, buffer, offset, length, position, callback);`
- `fs.readSync(fd, buffer, offset, length, position);`
- `fs.readFile(filename, [options], callback);`
- **`fs.readFileSync(filename, [options]);`**
  Liest aus einer Datei byteweise in einen Puffer. Wenn in den Optionen eine Kodierung wie 'utf8' eingestellt wird, werden die Daten als Zeichenkette gelesen.
- `fs.appendFile(filename, data, [options], callback);`
- **`fs.appendFileSync(filename, data, [options]);`**
  Hängt Daten ans Ende einer existierenden Datei.
- **`fs.watch(filename, [options], [listener]);`**
  Überwacht Änderungen an einer Datei und löst bei Änderungen die Rückruffunktion *listener* aus.
- `fs.exists(path, callback);`

- **fs.existsSync(path);**
    Prüft, ob eine Datei existiert.

Die stat-Funktionen geben ein Stats-Objekt zurück, das folgende Methoden hat:

- stats.isFile()
- stats.isDirectory()
- stats.isBlockDevice()
- stats.isCharacterDevice()
- stats.isSymbolicLink()
- stats.isFIFO()
- stats.isSocket()

**fs.createReadStream(path, [options]);**
    Erzeugt ein Objekt vom Typ ReadStream.

**fs.createWriteStream(path, [options]);**
    Erzeugt ein Objekt vom Typ WriteStream.

## Path

**path.normalize(p);**
    Normalisiert einen Pfad unter Berücksichtigung vón '.' und '..'.

**path.join([path1], [path2], [...]);**
    Verbindet Teile zu einem gültigen Pfad.

**path.resolve([from ...], to);**
    Auflösung zu einem absoluten Pfad.

**path.relative(from, to);**
    Auflösung eines relativen Pfades.

```
path.dirname(p);
```
   Name des Ordners.

```
path.basename(p, [ext]);
```
   Letzter Teil eines Pfades.

```
path.extname(p);
```
   Die Dateierweiterung

```
path.sep;
```
   Das plattformspezifische Trennzeichen für Dateien, '\' oder
   '/'.

```
path.delimiter;
```
   Das plattformspezifische Trennzeichen für Pfade, ';' oder ':'.

## URL

```
url.parse(url, [parseQuerystring], [slashesDenoteHost]);
```
   Überführt eine URL als Zeichenkette in ein Objekt.

```
url.format(urlObj);
```
   Überführt ein Objekt in eine URL.

```
url.resolve(from, to);
```
   Simuliert die URL-Erstellung so wie es das Anchor-Tag in
   HTML tun würde.

## Querystring

```
querystring.stringify(obj, [sep], [eq]);
```
   Erstellt einen Querystring aus einem Objekt.

```
querystring.parse(str, [sep], [eq], [options]);
```
   Erstellt ein Objekt aus einem Querystring.

# Assert

```
assert.fail(actual, expected, message, operator);
```
Wirft eine Ausnahme

```
assert(value, message);
```

```
assert.ok(value, [message]);
```
Testet, ob ein Wert wahr ist.

```
assert.equal(actual, expected, [message]);
```
Testet Werte auf Gleichheit. Objekte werden nur flach – auf der ersten Ebene – verglichen.

```
assert.notEqual(actual, expected, [message]);
```
Testet Werte auf Ungleichheit. Objekte werden nur flach – auf der ersten Ebene – verglichen.

```
assert.deepEqual(actual, expected, [message]);
```
Testet Werte auf Gleichheit. Objekte werden tief – auf allen Ebenen – verglichen.

```
assert.notDeepEqual(actual, expected, [message]);
```
Testet Werte auf Ungleichheit. Objekte werden tief – auf allen Ebenen – verglichen.

```
assert.strictEqual(actual, expected, [message]);
```
Testet Werte auf Gleichheit mit dem ===-Operator.

```
assert.notStrictEqual(actual, expected, [message]);
```
Testet Werte auf Ungleichheit mit dem !==-Operator.

```
assert.throws(block, [error], [message]);
```
Erwartet, dass der Code-Block eine Ausnahme wirft.

```
assert.doesNotThrow(block, [message]);
```
Erwartet, dass der Code-Block keine Ausnahme wirft.

```
assert.ifError(value);
```
   Prüft, ob der Wert `false` ist.

## OS

```
os.tmpdir();
```
   Standardverzeichnis für temporäre Dateien.

```
os.endianness();
```
   Typ der CPU; 'LE' oder 'BE' – low endian oder big endian.

```
os.hostname();
```
   Der Name des Hosts.

```
os.type();
```
   Der Name des Betriebsystems.

```
os.platform();
```
   Name der Plattform.

```
os.arch();
```
   Architektur der CPU (x86, x64, ARM etc.).

```
os.release();
```
   Version des Betriebssystems

```
os.uptime();
```
   Zeit, die das System bereits läuft.

```
os.loadavg();
```
   Mittlere Ladezeiten.

```
os.totalmem();
```
   Speicher

```
os.freemem();
```
   Freier Speicher

```
os.cpus();
```
   Array von Objekten, wobei jeder Eintrag für eine CPU / Core steht.

```
os.networkInterfaces();
```
   Liste der Netzwerkschnittstellen.

```
os.EOL;
```
   Zeilenendezeichen für dieses Betriebssystem.

## Buffer

```
new Buffer(size);
```
   Erstellt einen neuen Puffer mit der angegebenen Größe.

```
new Buffer(array);
```
   Erstellt einen neuen Puffer mit der angegebenen Größe des Arrays.

```
new Buffer(str, [encoding]);
```
   Erstellt einen neuen Puffer für eine Zeichenketten mit der angegebenen Kodierung.

```
Buffer.isEncoding(encoding);
```
   Prüft, ob die Kodierung ('utf8' etc.) gültig ist.

```
Buffer.isBuffer(obj);
```
   Testet, ob ein Objekt ein Buffer ist.

```
Buffer.concat(list, [totalLength]);
```
   Fügt Puffer zusammen.

```
Buffer.byteLength(string, [encoding]);
```
   Länge einer Zeichenkette in Bytes (hängt von der Kodierung ab).

```
buf.write(string, [offset], [length], [encoding]);
```
   Schreibt Zeichen in einen Puffer.

```
buf.toString([encoding], [start], [end]);
```
Konvertiert Pufferdaten in Zeichen. Standard für die Kodierung ist 'utf8', für *start* ist es 0.

```
buf.toJSON();
```
JSON-Darstellung des Pufferinhalts.

```
buf.copy(targetBuffer, [targetStart], [sourceStart], [sour-
ceEnd]);
```
Kopiert zwischen Puffern.

```
buf.slice([start], [end]);
```
Gibt Teile eines Puffers zurück.

```
buf.fill(value, [offset], [end]);
```
Füllt einen Puffer mit festen Werten

```
buf[index];
```
Das Element am Index

```
buf.length;
```
Größe des Puffers – der Inhalt muss nicht alles im Puffer
nutzen.

```
buffer.INSPECT_MAX_BYTES;
```
Maximale Anzahl Bytes, die buffer.inspect zurückgibt.

# Die API-Referenz für Express

Die folgende Referenz erklärt systematisch die Funktionen des
Express-Moduls. Sie entspricht weitgehend der Original-Dokumentation,
ergänzt um weitere Beispiele und Hintergrundinformationen.

## Das Basisobjekt

Der Aufruf express() erzeugt eine Express-Applikation. Dies ist
die Modulfunktion, die vom Express-Modul exportiert wurde.

```
1    var express = require('express');
2    var app = express();
```

Das Objekt express verfügt über weitere Methoden.

## Methode static des Basisobjekts

Die folgende Syntax hat diese Methode:

express.static(root, [options])

Dies ist eine Middleware-Funktion. Es ist die einzige, die Sie nicht selbst erstellen müssen. Diese Methode definiert Stammpfade zu Ordnern, in denen statische Dateien liegen. Dies betrifft CSS-, JavaScript-, oder Bilddateien. Damit vermeiden Sie, für solche Elemente eigene Routen bauen zu müssen.

root zeigt auf den Ordner, dessen Inhalt bereitgestellt werden soll. Das Verhalten lässt sich mittels Optionen beeinflussen:

**Tabelle: Optionen der Funktion static**

| Property | Beschreibung | T |
|---|---|---|
| dotfiles | Dateien, die mit Punkt beginnen. Erlaubt Werte: "allow", "deny", "ignore" | S |
| etag | "etag" erzeugen | B |
| extensions | Fallback für Dateierweiterungen | B |
| index | Index-Datei für Verzeichnisauflistung oder false zum Abschalten der Liste | M |
| lastModified | Setzt den Header "Last-Modified" auf das Dateidatum des Betriebssystems | B |
| maxAge | Setzt "max-age" des Headers "Cache-Control" in Millisekunden oder eine Zeichenfolge der Art "0ms" | N |
| redirect | Umleitung zum Stammpfad "/" wenn der Pfad ein Verzeichnis ist | B |
| setHeaders | Funktion zum Setzen der HTTP-Header beim Senden der Datei | F |

Folgende Beispiele zeigen, wie static benutzt werden kann. Hier werden CSS-Dateien in einem Ordner */public* erwartet:

```
// GET /style.css etc
app.use(express.static(__dirname + '/public'));
```

Hier wird der Pfad *static* verbunden, um Dateien aus dem internen Ordner *public* zu laden:

```
// GET /static/style.css etc.
app.use('/static', express.static(__dirname + '/public'));
```

Durch Aufrufen des Protokoll-Objekts direkt nach der Vereinbarung der statischen Route wird die Protokollierung für statische Dateien ausgeschaltet:

```
app.use(express.static(__dirname + '/public'));
app.use(logger());
```

Wenn Sie die statischen Dateien auf mehrere Ordner verteilen, erfolgt der Aufruf von use mehrfach. Die Reihenfolge bestimmt die Suchstrategie:

```
app.use(express.static(__dirname + '/public'));
app.use(express.static(__dirname + '/files'));
app.use(express.static(__dirname + '/uploads'));
```

### __dirname

Node stellt eine globale Variable mit dem Namen __dirname zur Verfügung. Diese zeigt immer auf den Pfad, in dem die gerade ausgeführte JavaScript-Datei liegt. So wird der lokale Bezug gebildet. ./, was oft vergleichbar benutzt wird, zeigt auf den Pfad, in dem Node ausgeführt wird. Das kann, muss aber nicht identisch sein. Benutzen Sie für Verweise innerhalb der Applikationsstruktur immer __dirname.

# Die Applikation

Das Erstellen der Applikation findet auf oberster Ebene statt. Üblich ist die Erstellung eines Objekts mit dem Name *app*.

Listing: apphelloworld_sample.js

```
1  var express = require('express');
2  var app = express();
3
4  app.get('/', function(req, res){
5    res.send('hello world');
6  });
7
8  app.listen(3000);
```

Das *app*-Objekt hat Methoden für folgende Aufgaben:

- Routing
- Konfiguration der Middleware
- Rendern von Views
- Registrierung bestimmter View-Engines (z.B. Jade)

Das app-Objekt hat außerdem Eigenschaften für die Konfiguration.

## Die Eigenschaften des Applikations-Objekts

- app.locals

app.locals definiert lokale Variablen spezifisch für die Applikation und dauerhaft verfügbar. Beispiele:

- app.locals.title: Könnte der Titel der Anwendung sein
- app.locals.email: Könnte die E-Mail des Administrators sein

Der Zugriff auf diese Variablen kann von überall her erfolgen. Die Daten sind JavaScript-Objekte, sodass hier maximale Flexibilität vorliegt.

```
app.locals.title = 'Meine App';
app.locals.strftime = require('strftime');
app.locals.email = 'me@myapp.com';
```

* app.mountpath

Die Eigenschaft app.mountpath bestimmt das Muster des Pfades in dem sich eine untergeordnete Applikation befindet. Damit wird das Routing untergeordneter Applikationsteile gesteuert.

Listing: mountpath_sample.js

```
var express = require('express');

var app = express();      // Hauptapplikation
var admin = express();   // Unterapplikation

admin.get('/', function (req, res) {
  console.log(admin.mountpath); // Ausgabe des Stammpfades
  res.send('Admin Homepage');
})

// Bestimmen des Stammpfades der Unterapplikation
app.use('/admin', admin);
```

Die Benutzung der Methode app.use sorgt für die Verknüpfung von Applikation und Router. Innerhalb der Applikation selbst können Sie dann auf diese Pfade zurückgreifen, um beispielsweise relative Referenzen aufzulösen. Das ist vergleichbar mit der Eigenschaft baseUrl des Anforderungsobjekts req.

Sollte die Unterapplikation auf mehrere Pfade (durch Pfadmuster) reagieren, gibt app.mountpath eine Liste dieser Pfade zurück (in Form eines JavaScript-Arrays).

**Listing: mountpath2_sample.js**

```js
var admin = express();

admin.get('/', function (req, res) {
  console.log(admin.mountpath); // [ '/adm*n', '/manager' ]
  res.send('Admin Homepage');
})

var secret = express();
secret.get('/', function (req, res) {
  console.log(secret.mountpath); // /secr*t
  res.send('Admin Secret');
});

// Lade den Router 'secret' mit dem Pfad '/secre*'
// für die Unterapplikation admin
admin.use('/secre*', secret);

// Lade den Router 'admin' mit den Pfaden '/adm*' und '/manager'
// für die Hauptapplikation
app.use(['/adm*', '/manager'], admin);
```

Prinzipiell werden reguläre Ausdrücke verarbeitet, wenn komplexe Routen definiert werden. In JavaScript schreiben Sie diese in der Literal-Schreibweise:

/\/adm(.*)/

Der Schrägstrich muss dabei maskiert werden \/. Wenn Sie Routen in Zeichenketten angeben, werden einige Sonderzeichen abgefangen und in passende reguläre Ausdrücke konvertiert. Folgende Sonderzeichen sind erlaubt:

- *: Null oder beliebig viele Zeichen
- +: Ein oder beliebig viele Zeichen
- ?: Ein oder kein Zeichen
- ( ): Gruppe, auf die *, + oder ? angewendet werden kann

Bei Zeichenketten haben die Zeichen . (Punkt) und - (Minus) keine
besondere Bedeutung, sondern werden Teil des Pfades.

```
1   // Der feste Pfad /abcd
2   app.get('/abcd', function(req, res) {
3     res.send('abcd');
4   });
5
6   // Ein Pfad /acd oder auch /abcd
7   app.get('/ab?cd', function(req, res) {
8     res.send('ab?cd');
9   });
10
11  // Der Pfad /abbcd
12  // ('b' kann wiederholt werden)
13  app.get('/ab+cd', function(req, res) {
14    res.send('ab+cd');
15  });
16
17  // Der Pfad /abxyzcd
18  // (zwischen 'b' und 'c' ist alles erlaubt)
19  app.get('/ab*cd', function(req, res) {
20    res.send('ab*cd');
21  });
22
23  // Der Pfad /abe oder auch /abcde passt
24  // ('cd' ist optional)
25  app.get('/ab(cd)?e', function(req, res) {
26    res.send('ab(cd)?e');
27  });
```

 ### Reihenfolge beachten

Achten Sie darauf, das schwache Routen mit Platz-
haltern zuletzt definiert werden. Sonst fangen diese
alle Anfragen ab und konkrete Routen werden nie
erreicht.

Interessant sind Kombinationen mit Parametern. Hier wird im Pfad ein intuitiv benutzbarer Bereich "von-bis" definiert (z.B. *route/12-23*):

```
1  app.get('/route/:from-:to', function(req, res) {
2    res.send(req.params.from + ' to ' + req.params.to);
3  });
```

Ebenso lassen sich Parameter leicht optional machen (Zeile 1):

```
1  app.get('/feed/:format?', function(req, res) {
2    if (req.params.format) {
3      res.send('format: ' + req.params.format);
4    }
5    else {
6      res.send('default format');
7    }
8  });
```

Das Fragezeichen macht den gesamten Parameter optional. Die Abfrage im Code reagiert darauf (der Wert ist `undefined` und dies ist in JavaScript `false`).

Reguläre Ausdrücke können freilich noch mehr. Die folgende Route reagiert auf *pineapple, redapple, redaple, aaple* aber nicht auf *apple* und *apples*:

```
1  app.get(/.+app?le$/, function(req, res) {
2    res.send('/.+ap?le$/');
3  });
```

 ### Reguläre Ausdrücke in Routen

Wenn Sie keinen triftigen Grund haben, reguläre Ausdrücke zu benutzen, dann bleiben Sie bei der Zeichenkettenschreibweise. Einfachere Routen sind auf Dauer besser beherrschbar und oft ausreichend – für die Dynamik sind Parameter zuständig. Sollten Sie jedoch jemals reguläre Ausdrücke einsetzen, dann benutzen Sie unbedingt die Literal-Schreibweise //.

## Ereignisse

In Express können Sie dynamisch auf einige Vorgänge reagieren, die während der Initialisierung stattfinden. Dadurch lassen sich Programmteile wie die bereits erwähnten Haupt- und Unterapplikationen einfacher trennen.

- app.on('mount', callback(parent))

Dieses Ereignis tritt auf, wenn eine Unterapplikation an eine Hauptapplikation gebunden wird. Die übergeordnete Applikation wird dann als Parameter übergeben.

Listing: on_sample.js

```
 1   var admin = express();
 2
 3   admin.on('mount', function (parent) {
 4     console.log('Admin Gebunden');
 5     console.log(parent); // Übergeordnete App
 6   });
 7
 8   admin.get('/', function (req, res) {
 9     res.send('Admin Homepage');
10   });
11
12   // Dieser Aufruf löst das Ereignis aus
13   app.use('/admin', admin);
```

## Methoden auf Applikationsebene

Einige weitere Methoden stellen grundsätzliche Funktionen bereit.

- app.all

Diese Methode nimmt eine Anfrage entgegen und reagiert auf alle HTTP-Verben. Die Benutzung globaler Methoden erleichtert erheblich den Aufbau flexibler Schnittstellen und vermeidet unnütz komplexe Routen. Kombinieren Sie diese Methode mit einem universellen Pfadmuster wie *, um allgemeine Aufgaben auf allen Anfragen auszuführen. Dabei ist es wichtig zu verstehen, das reguläre Anfragen (anstatt der Nutzung der Middleware) durchaus als Intermediäre arbeiten können. Die Anfrage muss nicht zwingend mit einem Ergebnis enden, sie kann auch weitergereicht werden.

```
1  app.all('*', requireAuthentication, loadUser);
```

Die Parameter *requireAuthentication* und *loadUser* werden nacheinander ausgeführt. Derselbe Aufruf könnte auch folgendermaßen aussehen:

```
1  app.all('*', requireAuthentication)
2  app.all('*', loadUser);
```

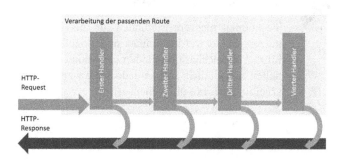

**Abbildung: Mehrere Callback-Handler**

Der Unterschied ist lediglich stilistischer Natur. Wenn Sie die Rückrufmethoden direkt im Parameter schreiben, ist die zweite Variante übersichtlicher:

```
app.all('*', function(req, res) {
    // Aktion ausführen
});
```

Ebenso lassen sich komplexere Muster für Pfade erstellen, um global nur bestimmte Strukturen für die URL zuzulassen. Sollen alle Pfade mit */api* starten, eignet sich folgende Definition:

```
app.all('/api/*', requireAuthentication);
```

- app.delete

Diese Methode reagiert auf das HTTP-Verb DELETE. Es wird zum Löschen einer Ressource benutzt. Es kommt üblicherweise nur im Zusammenhang mit JavaScript-Clients vor, die DELETE senden können. Browser alleine können dies nicht.

 **Mehrere Methoden**

Sie können mehrere Methoden für dieselbe Route nutzen. Diese werden immer nacheinander ausgeführt. Vergleichbare Methoden der Middleware verhalten sich ähnlich, können jedoch die weiteren Verarbeitungsschritte übergehen.

```
app.delete('/', function (req, res) {
  res.send('DELETE request to homepage');
});
```

- app.disable(name)

Diese Methode setzt eine Eigenschaft der zentralen Optionen auf false. Der Aufruf app.set('foo', false) führt zum selben Ergebnis.

```
1   app.disable('trust proxy');
2   app.get('trust proxy');
```

Nach diesem Aufruf ergibt der Wert false.

- app.disabled(name)

Diese Methode prüft, ob eine Option deaktiviert wurde.

```
1   app.enable('trust proxy');
2   app.disabled('trust proxy');
```

Da zuerst eine Aktivierung erfolgte, ergibt der zweite Aufruf true.

- **app.enable(name)**
  Diese Methode setzt eine Eigenschaft der zentralen Optionen auf true. app.set('foo', true) führt zum selben Ergebnis.

```
1   app.enable('trust proxy');
2   app.get('trust proxy');
```

Da zuerst eine Aktivierung erfolgte, ergibt der zweite Aufruf true.

- app.enabled(name)

Diese Methode prüft, ob eine Option aktiviert wurde.

```
1   app.enable('trust proxy');
2   app.enabled('trust proxy');
```

Da zuerst eine Aktivierung erfolgte, ergibt der zweite Aufruf true.

- app.engine(ext, callback)

Diese Methode registriert eine View-Engine. Diese ist dafür zuständig, das spezielle Format in den Views in gültiges HTML zu übersetzen. Standardmäßig findet Express die passende Engine automatisch anhand der Dateierweiterung der View-Datei. Ist der Name der View-Datei beispielsweise *index.jade* wird implizit die Jade-Engine benutzt. Das Ergebnis wird gecacht, sodass der Ermittlungsvorgang nicht stört.

Eine explizite Definition sieht folgendermaßen aus:

```
app.engine('jade', require('jade').__express);
```

Der Aufruf der Anmeldemethode muss nicht immer __express sein. Der Aufruf könnte auch so aussehen:

```
app.engine('html', require('ejs').renderFile);
```

Das Modul "EJS" bietet eine Methode renderFile zum Verarbeiten der View. Der Aufruf ist jedoch nur notwendig, weil in diesem Beispiel die Dateierweiterung *html* benutzt wird und nicht der Standard *ejs* für die EJS-Engine.

Einige Engines halten sich jedoch nicht an die Aufrufkonventionen. Dafür gibt es die Bibliothek *consolidate.js* die eine Übersetzung der Express-typischen Aufrufe in die der jeweiligen Engine vornimmt:

```
var engines = require('consolidate');
app.engine('haml', engines.haml);
app.engine('html', engines.hogan);
```

 ## Welche Engine?

Aufgrund der Einfachheit und weiten Verbreitung wird in dieser Serie von Texten als Standard-Engine immer JADE benutzt.

- app.get(name)

Dieses Form des Aufrufs gibt eine Einstellung zurück.

```
1  app.get('title');
2
3  app.set('title', 'Mein StartUp');
4  app.get('title');
```

Hier wurde zuerst (Zeile 1) undefined erzeugt, weil *title* noch nicht gesetzt ist. Nach der Zuweisung mit set (Zeile 2) wird dann der Text "Mein StartUp" ausgegeben (Zeile 3).

### Vorsicht mit get

Verwechseln Sie diese Syntax nicht mit der Nutzung von get als Aktion.

- app.get

Diese Methode reagiert auf Anfragen mit dem HTTP-Verb GET. Wird über die angegebene Route eine solche Anfrage empfangen, werden die Rückrufmethode nacheinander ausgeführt.

### Mehrere Methoden

Sie können mehrere Methoden für dieselbe Route nutzen. Diese werden immer nacheinander ausgeführt. Vergleichbare Methoden der Middleware verhalten sich ähnlich, können jedoch die weiteren Verarbeitungsschritte übergehen.

```
app.get('/', function (req, res) {
  res.send('GET-Anfrage empfangen');
});
```

- app.listen

Diese Methode bindet einen Port und beginnt dann an diesem zu
lauschen. Der Aufruf ist eine Abkürzung für die Node-Methode
listen() und entspricht dort http.Server.listen().

```
var express = require('express');
var app = express();
app.listen(3000);
```

Die Applikation, die Express erstellt, ist im Kern eine Funktion,
die an Node übergeben wird. Node betrachtet diese als Rückrufmethoden und ruft sie bei eintreffenden Anfragen auf. So gelangen
die Daten von Node nach Express. Da es sich lediglich um eine
Rückrufmethode handelt, kann das Applikationsobjekt mehrfach
benutzt werden. Im folgende Beispiel erfolgt die Bindung doppelt,
einmal für HTTP und einmal für HTTPS:

**Listing: listen_sample.js**

```
var express = require('express');
var https = require('https');
var http = require('http');
var app = express();

http.createServer(app).listen(80);
https.createServer(app).listen(443);
```

Die folgende Variante definiert den Server implizit über this:

```
1   app.listen = function() {
2     var server = http.createServer(this);
3     return server.listen.apply(server, arguments);
4   };
```

Weitere Varianten sind in der Dokumentation zu Node.js zu finden oder in Jörgs Webbändchen zu Node.

## Weitere Methoden

Wie in den vorangegangenen Beispielen bereits gezeigt, reagiert Express auf HTTP-Verben durch eine passende Methode. Prinzipiell stehen alle theoretisch denkbaren HTTP-Verben als Methode zur Verfügung. Während in HTTP die Verben immer in Großbuchstaben stehen, sind diese als JavaScript-Methode immer in Kleinbuchstaben. Das HTTP-Verb HEAD wird also von der Methode `app.head()` verarbeitet.

Express kennt die folgenden Methoden:

- `checkout`: Für WebDAV zum Sperren einer Ressource
- `connect`: Aufbau der Verbindung
- `copy`: Für WebDAV zum Duplizieren einer Ressource
- `delete`: Löscht eine Ressource auf dem Server
- `get`: Reguläre Anforderung einer Ressource ohne Nutzlast in der Anfrage
- `head`: wie `get`, der Client erwartet aber nur Kopfzeilen zurück
- `lock`: Für WebDAV zum Blockieren einer Ressource
- `merge`: Für REST das Verbinden von Daten
- `mkactivity`: Für WebDAV zum Anlegen einer Aktivität
- `mkcol`: Für WebDAV zum Erzeugen einer Kollektion
- `move`: Für WebDAV zum Verschieben einer Ressource
- `m-search`: Suche nach Ressourcen
- `notify`: Benachrichtung

- `options`: Zum Ermitteln von Optionen und Anforderungen des Servers
- `patch`: Ändern eines Teils einer Ressource
- `post`: Reguläre Anforderung einer Ressource mit Nutzlast in der Anfrage. Erzeugt einen neuen Datensatz bei REST (insert)
- `propfind`: Für WebDAV zum Ermitteln einer Ressource
- `proppatch`: Für WebDAV zum Suchen und Ändern einer Ressource
- `purge`: Endgültiges Entfernen einer Ressource
- `put`: Nur für REST; enthält eine Nutzlast und ändert eine Ressource (update)
- `report`: Bericht über die Struktur einer Ressource
- `search`: Für WebDAV zum Suchen nach einer Ressource
- `subscribe`: Für WebDAV zum Verbinden mit einer Ressource
- `trace`: Loop back auf dem Server zum Verfolgen der Verarbeitung
- `unlock`: Für WebDAV zum Freigeben einer blockierten Ressource
- `unsubscribe`: Für WebDAV zum Aufheben der Verbindung mit einer Ressource

Namen, die keine gültige Schreibweise in JavaScript ergeben, lassen sich über die Klammerschreibweise erreichen:

```
app['m-search']('/', function ....
```

## Über den Sinn oder Unsinn vieler Verben

Es gibt einige Kritik an der Komplexität und Vielfalt der Verben. Zumal einige durch spezielle Erweiterungen wie WebDAV oder CalDAV hinzukamen. Es gibt durchaus komplexe Applikationen, die lediglich auf GET und POST basieren. Darüberhinaus ist die Implementierung teilweise komplex, denn jedes der Verben kann viele verschiedene Statuscodes zurückgeben und zur Kommunikation werden teilweise umfassende XML-Strukturen erwartet. Gehen Sie nach dem K.I.S.S.-Prinzip vor und implementieren Sie nur Verben, die auch wirklich benötigt werden. Diese sollten Sie dann allerdings wirklich standardkonform nutzen.

Sinnvolle Verben für Browser sind:

- GET: Daten vom Server holen
- POST: Daten an den Server senden

Sinnvolle Verben für REST sind:

- GET: Ressource lesen
- POST: Ressource erzeugen
- PUT: Ressource ändern
- PATCH: Teile einer Ressource ändern
- DELETE: Ressource entfernen

Jede Methode verarbeitet mehrere Rückrufmethoden, die als einzelne Parameter angegeben werden. Diese Methoden verarbeiten drei Parameter:

- req: Die Anforderung (request)

- res: Die Antwort (response)
- next: Eine Methode, die aufgerufen wird, um die Verarbeitung fortzusetzen

Die Namen der Parameter sind willkürlich, die gezeigten Namen haben sich allerdings wegen der Kürze und Einprägsamkeit bewährt.

```
1  app.all('/secret', function (req, res, next) {
2    console.log('Geheime Funktion aufgerufen ...')
3    next(); // Weiter geht's...
4  });
```

```
1  app.post('/', function (req, res) {
2    res.send('POST Anfrage');
3  });
```

```
1  app.put('/', function (req, res) {
2    res.send('PUT Anfrage');
3  });
```

- app.param

Diese Methode fügt für bestimmt Parameter, die Teil einer Route sind, Rückruffunktionen hinzu. Die Methoden verarbeitet vier Parameter:

- req: Die Anforderung (request)
- res: Die Antwort (response)
- next: Eine Methode die aufgerufen wird, um die Verarbeitung fortzusetzen
- param: Der Parameterwert

Falls nun in einer Route ein Parameter mit dem Namen *:user* gefunden wird, würde die Rückrufmethode darauf reagieren, **bevor** die eigentliche Aktion der Route ausgeführt wird.

```
1   app.param('user', function(req, res, next, id) {
2
3     // Fiktives "User"-Objekt
4     User.find(id, function(err, user) {
5       if (err) {
6         next(err);
7       } else if (user) {
8         req.user = user;
9         next();
10      } else {
11        next(new Error('failed to load user'));
12      }
13    });
14  });
```

Die Behandlung der Parameter ist lokal für den Router, wo sie definiert wurden. Die Parameter werden nicht über verbundene Applikationsteile vererbt. Die Rückrufmethode wird nur einmal innerhalb eines Anforderungs-Antwort-Zyklus aufgerufen, auch wenn der Parameter von mehreren Routen benutzt wird.

```
1   app.param('id', function (req, res, next, id) {
2     console.log('Einmal nur aufgerufen');
3     next();
4   })
5
6   app.get('/user/:id', function (req, res, next) {
7     console.log('Dies wird auch erreicht');
8     next();
9   });
10
11  app.get('/user/:id', function (req, res) {
12    console.log('Und hier ebenso');
13    res.end();
14  });
```

Der letzte Teil beendet die Anfrage endgültig.

- app.render

Diese Methode dient dem Rendern einer View. Der Name der View
kann ohne Dateierweiterung angegeben werden. Der Parameter
local ist optional und wird benutzt, um der View lokale Variablen
zu übergeben. Das fertig gerenderte HTML wird über die Rückruffunktion ausgegeben.

Es gibt eine lokale Vaiable mit dem Namen cache, die dafür sorgt,
dass die View zwischengespeichert wird. Zur Entwurfszeit ist diese
false, zur Produktionszeit dagegen true. Setzen Sie den Wert
selbst, um ein anderes Verhalten zur Entwurfszeit zu erreichen.

```
app.render('email', function(err, html) {
  // ...
});
```

Es wird eine View mit dem Namen *email.jade* geladen (wenn Jade
benutzt wird). Dann wird diese gerendert. In der Rückruffunktion
enthält html die gerenderte View als Zeichenkette. Diese kann dann
an den Server übergeben werden, damit er sie weiter an den Client
ausliefert.

Der Aufruf von res.render() in den Aktionen des Routers ruft
intern app.render() auf.

Lokale Variablen für die View können als Objekt übergeben werden:

```
app.render('email', { name: 'Joerg' }, function(err, html){
  // ...
});
```

- app.route(path)

Mit dieser Methode wird ein einzelnes Route-Objekt zurückgegeben. Mit diesem können HTTP-Verben behandelt werden – mit oder
ohne Middleware. Durch die Verwendung von Objekten können Sie
Tippfehler in Zeichenketten vermeiden.

**Listing: route_sample.js**

```
1   var app = express();
2
3   app.route('/events')
4     .all(function(req, res, next) {
5       // alle Verben
6     })
7     .get(function(req, res, next) {
8       // nur GET
9       res.json(...);
10    })
11    .post(function(req, res, next) {
12      // nur POST
13    });
```

- app.set(name, value)

Diese Methode setzt Eigenschaften für die Applikation.

```
1   app.set('title', 'Mein StartUp');
2   app.get('title');
```

Die folgende Tabelle beschreibt die verfügbaren Eigenschaften.

**Tabelle: Eigenschaften**

| Eigenschaft | Typ | Beschreibung | Standard |
|---|---|---|---|
| case sensitive routing | Boolean | Großschreibung in Routen | false |
| env | String | Umgebungsmodus, NODE_ENV oder"development" | process.env.N |
| etag | Varied | ETag Header | |
| jsonp callback | String | JSONP callback name | ?callback= |
| json replacer | String | JSON replacer callback | null |
| json spaces | Number | Einrückung in JSON | Keine |
| query parser | String | "simple" oder "extended" | "simple" = No |
| strict routing | Boolean | Striktes Routing | false |

Tabelle: Eigenschaften

| Eigenschaft | Typ | Beschreibung | Standard |
|---|---|---|---|
| subdomain offset | Number | Punkte in Subdomain-Pfad | 2 |
| trust proxy | Varied | Siehe unten | false |
| views | String | Array | Ordner mit Vie |
| view cache | Boolean | Compiler-Cache | true in der Pro |
| view engine | String | Engine für Views | |
| x-powered-by | Boolean | "X-Powered-By: Express" | true |

Bei den Routen wird Groß- und Kleinschreibung nicht unterschieden. Wird jedoch der Wert *case sensitive routing* auf true gesetzt, sind "/Foo" und "/foo" nicht mehr dasselbe. Bei *strict routing* wird der abschließende – theoretisch wirkungslose – Schrägstrich nicht ignoriert, wenn der Wert auf true steht; "/foo" und "/foo/" sind dann nicht dasselbe.

trust proxy ist standardmäßig ausgeschaltet. Wenn es aktiviert wurde, versucht Express die IP-Adresse des Clients durch den Proxy zu bestimmen. Die Eigenschaft req.ips enthält danach ein Array mit IP-Adressen über die der Client verbunden ist. Das Paket, indem diese Implementierung steckt, heißt *proxy_addr*. Weitere Informationen sind in der Dokumentation dieses Pakets zu finden.

Die Optionen für trust proxy-Einstellungen sind folgende:

- Boolean: Mit true wird die IP-Adresse des Clients als am weitesten links stehender Teil der "X-Forwarded-*"-Kopfzeilen verstanden. Mit false wird angenommen der Client ist direkt mit dem Internet verbunden und die IP-Adresse stammt aus eq.connection.remoteAddress. Dies ist die Standardeinstellung.
- IP-Adresse: Eine IP-Addresse, ein Subnetz oder ein Array aus IP-Adressen und Subnetzen denen vertraut wird. Einige sind bereits vorkonfiguriert:
  - *loopback* – 127.0.0.1/8, ::1/128

- *linklocal* – 169.254.0.0/16, fe80::/10
- *uniquelocal* – 10.0.0.0/8, 172.16.0.0/12, 192.168.0.0/16, fc00::/7

Setzen Sie die IP-Adresse folgendermaßen:

```
1  // Einfaches Subnetz
2  app.set('trust proxy', 'loopback')
3  // Subnetz und Adresse
4  app.set('trust proxy', 'loopback, 8.8.8.8')
5  // Mehrere Subnetze
6  app.set('trust proxy', 'loopback, linklocal, uniquelocal')
7  // Mehrere Subnetze als Array
8  app.set('trust proxy', ['loopback', 'linklocal', 'uniquelocal'])
```

Wenn angegeben, werden die Adressen und Subnetze von der Adressauswertung ausgeklammert und die nicht vertrauten Adresse, die am dichtesten am Server ist wird als die IP-Adresse des Clients erfasst.

- Number: Vertraue dem n-ten Hop vom Proxy zum Client.
- Function: Eine eigene Implementierung mittels Callback-Funktion.

```
1  app.set('trust proxy', function (ip) {
2      if (ip === '127.0.0.1' || ip === '123.123.123.123') return true;\
3  // trusted IPs
4      else return false;
5  })
```

Die Optionen für etag-Einstellungen sind ebenso vielfältig:

- Boolean: true erlaubt ein schwaches ETag. Dies ist der Standard. false schaltet das ETag ganz ab.

- String: Wenn der Wert "strong" benutzt wurde, schaltet dies ein starkes ETag ein. "weak" erzeugt wieder ein schwaches ETag.
- Function: Eine eigene Implementierung mittels Callback-Funktion.

 **ETag**

Das ETag (entity tag, dt. Entitätsmarke) ist ein im HTTP 1.1 eingeführtes Kopfzeilen-Feld. Es dient zur Bestimmung von Änderungen an der angeforderten Ressource und wird hauptsächlich zum Caching, also der Vermeidung redundanter Datenübertragungen, verwendet. Mehr dazu finden Sie in den Grundlagen-texten zu HTTP in 'Jörgs Webbändchen'.

```
1   app.set('etag', function (body, encoding) {
2     return generateHash(body, encoding); // consider the function is d\
3   efined
4   })
```

- app.use

Mit dieser Methode werden Middleware-Funktionen einer Route hinzugefügt. Wird der Pfad nicht angegeben, wird die Wurzel "/" benutzt. Routen sind Suchmuster, die auch Teilbedingungen erfüllen. Der Pfad app.use('/apple', ...) wird auch auf /apple, /apple/images, /apple/images/news usw. reagieren.

Nutzen Sie die Eigenschaft req.originalUrl, um den vollständigen Pfad zu erhalten:

```
1  app.use('/admin', function(req, res, next) {
2    // GET 'http://www.example.com/admin/new'
3    console.log(req.originalUrl); // '/admin/new'
4    console.log(req.baseUrl); // '/admin'
5    console.log(req.path); // '/new'
6    next();
7  });
```

Ist die Middleware-Funktion gebunden, wird diese immer aufgerufen, wenn eine gültige Route angefordert wird, unabhängig von der weiteren Verarbeitung. Wenn Sie die Wurzel binden, wird die Funktion praktisch bei jeder Anforderung aufgerufen. Achten Sie auf Performance-kritische Aktionen, denn an so zentraler Stelle kann ein kleiner Programmierfehler erhebliche Auswirkungen haben.

```
1  app.use(function (req, res, next) {
2    console.log('Time: %d', Date.now());
3    next();
4  });
```

Middleware-Funktionen werden sequenziell ausgeführt. Die Reihenfolge der Definition bestimmt die Reihenfolge der Ausführung. Fehlt der Aufruf next(), dann stoppt die Ausführung hier:

```
1  app.use(function(req, res, next) {
2    res.send('Hello World');
3  });
4  // Diese Aktion wird niemals erreicht
5  app.get('/', function (req, res) {
6    res.send('Welcome');
7  })
```

Der Pfad kann eine Zeichenkette, ein Pfadmuster (siehe unten), ein regulärer Ausdruck oder eine Kombination daraus sein. Einfache Pfade werden direkt angegeben:

```
app.use('/abcd', function (req, res, next) {
  next();
});
```

- Pfadmuster

Pfadmuster nutzen Platzhalter:

```
app.use('/abc?d', function (req, res, next) {
  next();
});
```

Das Fragezeichen macht ein Zeichen optional. Passende Pfade wären */abcxd* oder */abcd*.

Das Pluszeichen steht für ein oder mehrere Vorkommen (*/abcd*, */abbcd*, */abbbbbcd*):

```
app.use('/ab+cd', function (req, res, next) {
  next();
});
```

Das Sternchen steht für kein oder mehrere Vorkommen beliebiger Zeichen (*/abcd*, */abxcd*, */abFOOcd*, */abbArcd* usw.):

```
app.use('/ab\*cd', function (req, res, next) {
  next();
});
```

Durch Gruppierungen können Blöcke optional gemacht werden (*/ad* und */abcd*):

```
1    app.use('/a(bc)?d', function (req, res, next) {
2      next();
3    });
```

- Reguläre Ausdrücke

Der folgende Pfad reagiert auf */abc* und */xyz*:

```
1    app.use(/\/abc|\/xyz/, function (req, res, next) {
2      next();
3    });
```

Dazu können auch Arrays benutzt werden. Beachten Sie dass hier Zeichenketten und Literale für reguläre Ausdrücke gemischt werden können (auch wenn dies keine so richtig gute Idee ist):

```
1    app.use(['/abcd', '/xyza', /\/lmn|\/pqr/],
2            function (req, res, next) {
3      next();
4    });
```

- Die Rückruffunktion

Durch die Angabe einer oder mehrere Rückruffunktionen besteht Zugriff auf die Anforderung und das Objekt, in dem die Antwort konstruiert wird.

```
1    app.use(function (req, res, next) {
2      next();
3    });
```

Der Router selbst ist auch eine Middleware-Funktion und nutzt dieselbe Signatur:

```
1   var router = express.Router();
2   router.get('/', function (req, res, next) {
3     next();
4   })
5   app.use(router);
```

Die Applikation selbst kann auch benutzt werden:

```
1   var subApp = express();
2   subApp.get('/', function (req, res, next) {
3     next();
4   })
5   app.use(subApp);
```

## Mehrere Rückruffunktionen

Derselbe Pfad kann mehrere Middleware-Funktionen bedienen.

```
1    var r1 = express.Router();
2    r1.get('/', function (req, res, next) {
3      next();
4    })
5
6    var r2 = express.Router();
7    r2.get('/', function (req, res, next) {
8      next();
9    })
10
11   app.use(r1, r2);
```

Alternativ lassen sich die Objekte als Array angeben und so logisch gruppieren. Hier muss der Stammpfad mit angegeben werden:

```
1   var r1 = express.Router();
2   r1.get('/', function (req, res, next) {
3     next();
4   })
5
6   var r2 = express.Router();
7   r2.get('/', function (req, res, next) {
8     next();
9   })
10
11  app.use('/', [r1, r2]);
```

## Kombinationen

Sie können alle vorstehend beschriebenen Parameter miteinander kombinieren.

```
1   function mw1(req, res, next) { next(); }
2   function mw2(req, res, next) { next(); }
3
4   var r1 = express.Router();
5   r1.get('/', function (req, res, next) { next(); });
6
7   var r2 = express.Router();
8   r2.get('/', function (req, res, next) { next(); });
9
10  var subApp = express();
11  subApp.get('/', function (req, res, next) { next(); });
12
13  app.use(mw1, [mw2, r1, r2], subApp);
```

# Request – Das Anforderungsobjekt

In vielen vorangegangenen Beispielen wurde der Parameter req von Express bereitgestellt. Dabei handelt es sich um ein Request-Objekt. Sie bekommen darüber Zugriff auf alle Bausteine der Anforderung, deren Parameter, den QueryString usw.

```
1  app.get('/user/:id', function(req, res){
2    res.send('user ' + req.params.id);
3  });
```

 Der Name `req` wird in allen Beispielen benutzt, weil er kurz und einprägsam ist. Sie müssen diesen Namen aber nicht benutzen; es handelt sich letztlich nur um einen Parameter einer regulären JavaScript-Funktion.

## Die Eigenschaften

- req.app

Dies ist die Instanz der Applikation

Definieren Sie beispielsweise in einer Datei *index.js* folgendes:

```
1  app.get("/viewdirectory", require("./mymiddleware.js"))
```

In einer anderen Datei *mymiddleware.js* wird dann auf das Applikations-Objekt zugegriffen, obwohl die Variable *app* nicht mehr verfügbar ist:

```
1  module.exports = function (req, res) {
2    res.send("The views directory is " + req.app.get("views"));
3  });
```

Hier wird eine Middleware-Funktion exportiert. Sie empfängt dann dieselben Parameter wie die regulären Funktionen des Routers.

- req.baseUrl

Diese Eigenschaft ergibt den Basipfad der Router-Instanz:

```
1   var greet = express.Router();
2
3   greet.get('/jp', function (req, res) {
4     console.log(req.baseUrl); // /greet
5     res.send('Konichiwa!');
6   });
7
8   app.use('/greet', greet); // Lade den Router für '/greet'
```

Wenn Pfadmuster oder reguläre Ausdrücke für die Definition der Pfade benutzt werden, gibt diese Eigenschaft dennoch den endgültigen, vollständigen Pfad zurück, kein Muster.

```
1   app.use(['/gre+t', '/hel{2}o'], greet);
2   console.log(req.baseUrl); // => /greet.
```

Der Code in Zeile 1 definiert die Routen für */gre+t* und */hel{2}o*.

- req.body

Enthält Schlüssel-Werte-Paare der Daten des Body-Bereichs. Standardmäßig ist dies undefined und wird durch Middleware-Funktionen befüllt. Wie dies aussieht wird nachfolgend gezeigt:

```
1    var app = require('express')();
2    var bodyParser = require('body-parser');
3    var multer = require('multer');
4
5    // for parsing application/json
6    app.use(bodyParser.json());
7    // for parsing application/x-www-form-urlencoded
8    app.use(bodyParser.urlencoded({ extended: true }));
9
10   app.use(multer()); // for parsing multipart/form-data
11
12   app.post('/', function (req, res) {
13     console.log(req.body);
14     res.json(req.body);
15   });
```

- req.cookies

Wenn Cookies verarbeitet werden, enthält diese Eigenschaft ein
Objekt der in der Anfrage enthaltenen Cookies. Standard ist ein
leeres Objekt {}.

```
1  // Cookie: name=tj
2  req.cookies.name // => "tj"
```

Das Modul *cookie-parser* liefert die Funktionalität.

- req.fresh

Ein Boolescher Wert zeigt an, dass die Anfrage "frisch" ist (aktuell,
intakt). Das Gegenteil davon ist `req.stale`. Bedingung ist, dass
das Kopffeld *cache-control* keine "no-cache" Direktive hat und
irgendeine der folgenden Bedingungen eingetreten ist:

- Das Kopffeld *if-modified-since* ist vorhanden und *last-modi-
  fied* ist gleich oder früher
- Das Kopffeld *if-none-match* ist *.
- Das Kopffeld *if-none-match* enthält kein ETag.
- req.hostname

Enthält den Hostnamen, wie er im Kopffeld *Host* der Anfrage steht.

```
1  // Host: "example.com:3000"
2  req.hostname
```

- req.ip

Die IP-Adresse, an die die Anfrage gesendet wurde. Der Wert kann
sich vom Server unterscheiden, wenn Proxies benutzt werden.

```
1   req.ip // => "127.0.0.1"
```

- req.ips

Enthält die Adressen des Kopffelds *X-Forwarded-For* als Array oder
ein leeres Array, wenn das Feld nicht benutzt wird.

- req.originalUrl

Enthält die ursprüngliche URL. Sie können `reg-url` intern überschreiben, um das Routing dynamisch zu steuern. In solchen Fällen
verbleibt der ursprüngliche Wert dennoch in `req.originalUrl`.

```
1   // GET /search?q=something
2   req.originalUrl
3   // => "/search?q=something"
```

- req.params

Ein Objekt mit den Parmetern der Route. Wenn die Route beispielsweise */article/:id* ist, dann wird der Wert für *:id* in der Eigenschaft
`req.params.id` zu finden sein. Ohne Parameter ist hier ein leeres
Objekt zu finden { }.

```
1   // GET /article/2605
2   req.params.id // => 2605
```

Wenn in der Definition der Route reguläre Ausdrücke verwendet
werden, werden die erkannten Gruppen (capture groups) als Array
des Objekts zurückgegeben: `req.params[n]`. *n* ist dabei die Nummer
der Gruppe. Dies gilt auch für Platzhalter in Routen, wie */file/\**:

```
1  // GET /file/javascripts/jquery.js
2  req.params[0]
3  // => "javascripts/jquery.js"
```

- **req.path**

  Enthält die Pfadangabe der URL – das ist der Teil nach dem Host und vor dem QueryString.

```
1  // example.com/users?sort=desc
2  req.path
3  // => "/users"
```

- **req.protocol**

  Das Protokoll (oder Schema), also "http" oder "https".

```
1  req.protocol // => "http"
```

- **req.query**

  Ein Objekt mit den QueryString-Parametern. Wenn diese nicht vorhanden sind, wird ein leeres Objekt {} zurückgegeben.

```
1   // GET /search?q=joerg+krause
2   req.query.q
3   // Ergibt => "joerg krause"
4
5   // GET /shoes?order=desc&shoe[color]=blue
6   req.query.order
7   // Ergibt => "desc"
8
9   req.query.shoe.color
10  // Ergibt => "blue"
```

- req.route

Enthält die aktuelle, passende Route als Zeichenkette.

```
1    app.get('/user/:id?', function userIdHandler(req, res) {
2      console.log(req.route);
3      res.send('GET');
4    })
```

Die Ausgabe der Informationen als JSON-Objekt sieht nun so aus:

```
1    { path: '/user/:id?',
2      stack:
3      [ { handle: [Function: userIdHandler],
4          name: 'userIdHandler',
5          params: undefined,
6          path: undefined,
7          keys: [],
8          regexp: /^\/?$/i,
9          method: 'get' } ],
10     methods: { get: true }
11   }
```

- req.secure

Ein Boolescher Wert, der anzeigt, dass es sich um eine verschlüsselte Verbindung handelt (TLS, dargestellt als "https"). Die folgende Abfrage ist äquivalent:

```
'https' == req.protocol;
```

- req.signedCookies

Wenn Cookie verarbeitet werden, enthält diese Eigenschaft signierte Cookies. Dies ist lediglich eine Anzeige für den Entwickler, dass diese Cookies einem speziellen Zwecke dienen. Sie sind weder verschlüsselt noch versteckt. Die Signatur ist *private* und verhindert deshalb den Zugriff bei einem Angriff auf das Cookie-Objekt.

```
1  // Cookie: user=joerg.IT7AWaXDfAKIRfH26dQzKJxO5sKzzSoPq64
2  req.signedCookies.user
3  // Ergibt => "joerg"
```

- req.stale

Die Anfrage ist nicht mehr gültig. Die Eigenschaft gibt `true` oder `false` zurück.

- req.subdomains

Das Array der Subdomains in der Anfrage.

```
1  // Host: "joerg.admin.texxtoor.com"
2  req.subdomains
3  // => ["admin", "joerg"]
```

- req.xhr

Ein Boolescher Wert der anzeigt, dass das Feld *X-Requested-With* benutzt wird und den Wert "XMLHttpRequest" enthält. Damit werden AJAX-Aufrufe erkannt. Das Feld wird unter anderem von der Client-Bibliothek jQuery benutzt. Die Eigenschaft gibt `true` oder `false` zurück.

- Methoden
- req.accepts(types)

Diese Methode prüft, ob die angeforderten Inhaltstypen akzeptiert werden. Die Anforderung erfolgt mit dem Kopffeld *accept*. Der Rückgabewert sollte *406 "Not Acceptable"* sein, wenn der Inhaltstyp nicht akzeptiert wird.

Die Wert sind MIME-Typen, wie beispielsweise "application/json", oder auch Erweiterungen wie "json". Mehrere Werte können durch Komma getrennt werden.

```
1   // Accept: text/html
2   req.accepts('html');
3   // => "html"
4
5   // Accept: text/*, application/json
6   req.accepts('html');
7   // => "html"
8   req.accepts('text/html');
9   // => "text/html"
10  req.accepts(['json', 'text']);
11  // => "json"
12  req.accepts('application/json');
13  // => "application/json"
14
15  // Accept: text/*, application/json
16  req.accepts('image/png');
17  req.accepts('png');
18  // => undefined
19
20  // Accept: text/*;q=.5, application/json
21  req.accepts(['html', 'json']);
22  // => "json"
```

- req.acceptsCharsets

Wertet das Feld Accept-Charset aus. Wird nichts erkannt, wird false erzeugt. Syntax:

```
req.acceptsCharsets(charset [, ...])
```

- req.acceptsEncodings

Wertet das Feld Accept-Encoding aus. Wird nichts erkannt, wird false erzeugt. Syntax:

```
req.acceptsEncodings(encoding [, ...])
```

- req.acceptsLanguages

Wertet das Feld Accept-Language aus. Wird nichts erkannt, wird false erzeugt. Syntax:

```
req.acceptsLanguages(lang [, ...])
```

- req.get(field)

Wertet das angegebene Feld aus. Groß- und Kleinschreibung wird nicht berücksichtigt. Die Begriffe *Referer* und *Referrer* sind austauschbar

 Referrer mit zwei "r" ist der korrekte Name. Die Tatsache, dass Referer auch möglich ist, liegt darin begründet, dass ausgerechnet eine frühe Version des Standardisierungsdokuments (RFC 2068) einen Schreibfehler enthielt und damit die falsche Schreibweise zum Standard erhoben hat.

```
1   req.get('Content-Type');
2   // => "text/plain"
3
4   req.get('content-type');
5   // => "text/plain"
6
7   req.get('Something');
8   // => undefined
9   Aliased as req.header(field).
```

- req.is(type)

Gibt true zurück, wenn das Feld Content-Type dem Parameter-Wert entspricht.

Wenn Content-Type: text/html; charset=utf-8 empfangen wurde, ergibt sich true:

```
1  req.is('html');
2  req.is('text/html');
3  req.is('text/*');
```

Wenn Content-Type: application/json empfangen wurde, ergibt sich true:

```
1  req.is('json');
2  req.is('application/json');
3  req.is('application/*');
```

Dieselbe Anfrage wird dagegen für diesen Aufruf false ergeben:

```
1  req.is('html');
```

## Response – Das Antwortobjekt

Die Antwort wird in einem Objekt res zusammengestellt. Dies wird benutzt, um Daten an den Client zu senden.

 **Der Name res**

Die Benennung des Objekts ist willkürlich, allerdings wird in der Original-Dokumentation und in dieser Übersetzung durchgehend eben dieser Name benutzt.

```
1  app.get('/user/:id', function(req, res){
2    res.send('user ' + req.params.id);
3  });
```

Dieselbe Abfrage könnte auch folgendermaßen aussehen:

```
app.get('/user/:id', function(request, response){
  response.send('user ' + request.params.id);
});
```

## Eigenschaften

- res.app

Diese Eigenschaft liefert eine Referenz zur Instanz der Applikation. Diese Referenz ist identisch zu derselben Eigenschaft im Request-Objekt.

- res.headersSent

Ein Boolescher Wert, der anzeigt, dass die Kopffelder bereits gesendet wurden. Nach diesem Zeitpunkt können keine weiteren Kopffelder erzeugt und gesendet werden.

```
app.get('/', function (req, res) {
  console.log(res.headersSent); // false
  res.send('OK');
  console.log(res.headersSent); // true
})
```

- res.locals

Lokale Variablen, die nur für den aktuellen Anforderungs-/Abfragezyklus zur Verfügung stehen. Damit lassen sich Daten in eine View transportieren. Dies unterscheidet sich von app.locals nur insofern, als dass die in app.locals vorhandenen Variablen in allen Anfragen zur Verfügung stehen.

Diese Eigenschaft ist nützlich, um Informationen aus der Anforderung an die View weiterzugeben.

```
1  app.use(function(req, res, next){
2    res.locals.user = req.user;
3    res.locals.authenticated = ! req.user.anonymous;
4    next();
5  });
```

## Methoden

- res.append

Fügt einen Wert einem Kopffeld hinzu. Existiert das Feld noch nicht, so wird es nun erzeugt. Die Werte können Zeichenfolgen oder Arrays sein. Syntax:

```
res.append(field [, value])
```

 Wird res.set() nach res.append() benutzt, so wird der vorher gesetzte Wert wieder zurückgesetzt.

```
1  res.append('Link', ['<http://localhost/>', '<http://localhost:3000/>\
2  ']);
3  res.append('Set-Cookie', 'foo=bar; Path=/; HttpOnly');
4  res.append('Warning', '199 Miscellaneous warning');
```

- res.attachment

Setzt das Feld Content-Disposition auf den Wert "attachment". Wird der Dateiname angegeben, dann wird auch der Teil "filename=parameter" gesetzt. Dies dient dazu, den Browser dazu zu animieren, Daten zum Herunterladen anzubieten. Syntax:

```
res.attachment([filename])
```

```
1    res.attachment();
2    // Content-Disposition: attachment
3
4    res.attachment('path/to/logo.png');
5    // Content-Disposition: attachment; filename="logo.png"
6    // Content-Type: image/png
```

- res.cookie

Setzt den Namen eines Cookies. Der Wert kann eine Zeichenfolge oder ein Objekt sein. Ist es ein Objekt, wird dies in JSON konvertiert. Syntax:

```
res.cookie(name, value [, options])
```

Die Optionen sind nachfolgend beschrieben:

Tabelle: Cookie-Optionen

| Property | Typ | Beschreibung |
|---|---|---|
| domain | String | Domain-Name für das Cookie. Standard ist der Domain-Name |
| expires | Date | Verfallsdatum des Cookies in GMT. Wird hier nichts angegebe |
| httpOnly | Boolean | Markiert ein Cookie, sodass es nur auf dem Server gelesen wir |
| maxAge | String | Eine Option, um das Verfallsdatum relativ zur aktuellen Zeit z |
| path | String | Pfad des Cookies; der Standard ist "/" |
| secure | Boolean | Legt fest, dass das Cookie nur über HTTPS geliefert wird |
| signed | Boolean | Legt fest, dass das Cookie signiert werden muss |

Cookies sind Datenpakete, die als Kopffeld gesendet werden. Die Funktion res.cookie() erzeugt ein solches Kopffeld mit den angegebenen Optionen. Wird eine Option nicht angegeben, so wird der in der RFC 6265 beschriebene Standardwert benutzt.

```
1   res.cookie('name', 'joerg', {
2          domain: '.texxtoor.com',
3          path: '/admin', secure: true
4          });
5   res.cookie('remember', '1', {
6          expires: new Date(Date.now() + 60000),
7          httpOnly: true
8          });
```

Die Option *maxAge* nutzt für das Verfallsdatum eine Zeitspanne relativ zum Zeitpunkt des Auslieferns. Das folgende Beispiel wird denselben Cookie erzeugen wie das letzte Beispiel:

```
1   res.cookie('rememberme', '1', { maxAge: 60000, httpOnly: true })
```

Werden der Cookie-Funktion JSON-Objekte übergeben, so werden diese geparst und als serialisiertes JSON im Cookie platziert.

```
1   res.cookie('cart', { items: [1,2,3] });
2   res.cookie('cart', { items: [1,2,3] }, { maxAge: 900000 });
```

Die Funktion unterstützt auch signierte Cookies. Die Funktion erzeugt einen geheimen Hash zur Signierung automatisch.

```
1   res.cookie('name', 'tobi', { signed: true });
```

Über req.signedCookie wird dann später auf das Cookie zugegriffen. Die Middleware prüft die Signatur und erkennt Manipulationen am Cookie.

Die folgende Methode löscht ein Cookie unter Angabe des Namens:

```
1   res.clearCookie(name [, options])
```

```
res.cookie('name', 'joerg', { path: '/admin' });
res.clearCookie('name', { path: '/admin' });
```

- res.download

Diese Methode bietet eine Datei zum Herunterladen an. Dies erfolgt durch das Erzeugen eines passenden Kopffelds *Content-Disposition*. Wird der Dateiname angegeben, wird der Wert um *filename=filename* ergänzt. Der Pfad-Parametr verweist auf die Dateiquelle. Die Rückruffunktion *fn* dient dazu, den Erfolg oder Misserfolg des Vorgangs anzuzeigen, sie wird nach dem Ende der Übertragung aufgerufen und enthält HTTP-Statuscodes. Intern wird `res.sendFile()` zur Übertragung der Datei benutzt. Syntax:

```
res.download(path [, filename] [, fn])
```

```
res.download('/report-2605.pdf');

res.download('/report-2605.pdf', 'report.pdf');

res.download('/report-2605.pdf', 'report.pdf',
        function(err){
            if (err) {
                // Fehler
            } else {
                // Erfolg
            }
        });
```

Bei der Behandlung von Fehlern (Zeile 6) ist noch zu beachten, dass eine Ausgabe von Fehlertexten an den Benutzer möglicherweise misslingt, da andere Kopffelder bereist versendet wurden. Prüfen Sie gegebenenfalls mit `res.headersSent`, ob das Senden von Daten noch möglich ist.

- res.end

Diese Methode beendet den Antwortvorgang. Der Aufruf nutzt den Node-Kern, dort speziell `response.end()` des Objekts `http.ServerResponse`. Syntax:

```
res.end([data] [, encoding])
```

Dies ist sinnvoll, wenn eine Anfrage sofort ohne Daten beendet werden soll.

```
1  res.end();
2  res.status(404).end();
```

- res.format

Diese Methode versucht das Kopffeld `Accept` zu lesen und danach zu entscheiden, wie eine Antwort formatiert werden soll. Dazu wird `req.accepts()` aufgerufen. Existiert das Kopffeld nicht, wird die erste Rückruffunktion benutzt. Erfolgt dort keine Bearbeitung, wird *406 "Not Acceptable"* erzeugt. Steht eine Standardrückruffunktion bereit, wird diese benutzt. Syntax:

```
res.format(object)
```

Wird eine Rückruffunktion benutzt, wird bei der Antwort das Kopffeld *Content-Type* erzeugt. Dieses Verhalten kann jedoch verändert werden, indem `res.set()` oder `res.type()` eingesetzt wird.

Das folgende Beispiel erzeugt die JSON-Serialisierung { "message": "hallo" }, wenn das *Accept*-Kopffeld den MIME-Typ "application/json" oder "*/json" enthält. Ansonsten wird nur der Text "hallo" ausgegeben. Wird dagegen explizit nach HTML gefragt (MIME-Typ ist "text/html"), so wird "<p>hallo</p>" erzeugt.

```
res.format({
  'text/plain': function(){
    res.send('hallo');
  },

  'text/html': function(){
    res.send('<p>hallo</p>');
  },

  'application/json': function(){
    res.send({ message: 'hallo' });
  },

  'default': function() {
    // log the request and respond with 406
    res.status(406).send('Not Acceptable');
  }
});
```

Als Alternative zur Zeichenkettendarstellung der MIME-Typen lässt
sich auch ein Mapping auf Methoden benutzen, was etwas weniger
aufwändig und fehleranfällig ist:

```
res.format({
  text: function(){
    res.send('hallo');
  },

  html: function(){
    res.send('<p>hallo</p>');
  },

  json: function(){
    res.send({ message: 'hallo' });
  }
});
```

- res.get

Diese Methode gibt ein bestimmtes Kopffeld zurück, benannt durch
den Parameter *field*. Syntax:

```
res.get(field)
```

```
1  res.get('Content-Type');
2  // Ergibt beispielsweise "text/plain"
```

- res.json

Diese Methode sendet eine JSON-Antwort. Dabei kann jeder Datentyp benutzt werden, nicht nur JavaScript-Objekte, sondern auch null oder undefined. Syntax:

```
res.json([body])
```

```
1  res.json(null)
2  res.json({ user: 'joerg' })
3  res.status(500).json({ error: 'message' })
```

- res.jsonp

Dies ist eine JSON-Antwort mit JSONP-Unterstützung. Dies entspricht der vorhergehenden Methode, allerdings mit Akzeptanz von JSONP. Syntax:

```
res.jsonp([body])
```

### JSONP

JSONP (JSON mit Padding) ermöglicht die Übertragung von JSON-Daten über Domaingrenzen. Üblicherweise erfolgen Ajax-Datenabfragen an Server über das XMLHttpRequest-Objekt des Browsers. Ein Sicherheitskonzept, die *Same-Origin-Policy*, verhindert dass Teile einer Website von verschiedenen Servern geladen werden. Damit soll verhindert werden, dass fremde Skripte oder CSS eingeschleust werden. Wenn nun aber eine Serverumgebung skaliert, dann werden Bilder oder Skripte möglicherweise bewusst von einem anderen Server geladen. Solche Abfragen sind zulässig, wenn JSONP benutzt wird. Die Abfrage wird dabei in ein <script>-Tag verpackt, das per Definition von der *Same-Origin-Policy* ausgenommen ist.

```
res.jsonp(null)
// => null

res.jsonp({ user: 'joerg' })
// => { "user": "joerg" }

res.status(500).jsonp({ error: 'message' })
// => { "error": "message" }
```

Standardmäßig ist die JSONP-Rückruffunktion eine einfache JavaScript-Rückruffunktion. Dies kann jedoch modifiziert werden.

```
// ?callback=foo
res.jsonp({ user: 'joerg' })
// ergibt  foo({ "user": "joerg" })

app.set('jsonp callback name', 'cb');

// ?cb=foo
res.status(500).jsonp({ error: 'message' })
// ergibt foo({ "error": "message" })
```

Im Client-Code sollte sich dann die hier beispielhaft benutzte Methode foo finden, mit deren Hilfe die von der anderen Domain geladenen Daten verarbeitet werden.

- res.links

Diese Methode verbindet die als Parameter angegebenen Hyperlinks und erzeugt das Kopffeld *Link*. Syntax:

```
res.links(links)
```

### Das Link-Kopffeld

*Link* wird benutzt, um dem Client weitere Dateien oder Ressourcen mitzuteilen, z.B. einen RSS-Feed, einen Fav-Icon, Copyright-Lizenzen etc. Dieses Kopffeld ist äquivalent zum `<link />`-Feld in HTML.

```
1  res.links({
2    next: 'http://api.example.com/users?page=2',
3    last: 'http://api.example.com/users?page=5'
4  });
```

Dies ergibt im HTTP:

```
1  Link: <http://api.example.com/users?page=2>; rel="next",
2        <http://api.example.com/users?page=5>; rel="last"
```

- res.location

Diese Methode erzeugt das *Location*-Kopffeld. Syntax:

res.location(path)

 **Location**

> *Location* wird oft genutzt, um Clients weiterzuleiten
> (mit einem 3xx-Code).

```
1  res.location('/foo/bar');
2  res.location('foo/bar');
3  res.location('http://example.com');
4  res.location('../login');
5  res.location('back');
```

Die Pfadangaben entsprechen denen bei *redirect*. Siehe dazu auch
die folgende Methode.

- res.redirect

Auch diese Methode erzeugt ein *Location*-Kopffeld. Es erfolgt keine
Prüfung oder Kontrolle, ob der Wert sinnvoll oder ausführbar ist.
Die einzige Ausnahme ist der Wert back. Syntax:

```
res.redirect([status,] path)
```

Der Browser ist dafür verantwortlich, den finalen Pfad aus dem der aktuellen Site und den möglicherweise dazu relativen Angaben zusammenzustellen und die Umleitung dann auszuführen. Das Umleiten selbst wird durch den Statuscode 302 initiiert. Andere Codes sind möglich, müssten dann jedoch explizit benannt werden. Eine vollständige Umleitungsanweisung besteht also aus der Umleitungsaufforderung 302 und der Umleitungsanweisung *Location*.

```
1   res.redirect('/foo/bar');
2   res.redirect('http://example.com');
3   res.redirect(301, 'http://example.com');
4   res.redirect('../login');
```

Pfade relativ zu anderen sind auch möglich:

```
1   res.redirect('..');
```

Der spezielle Wert back nutzt das Anforderungs-Kopffeld *Referrer* zur Umleitung auf die vorhergehende Seite. Wird dieses Kopffeld nicht gefunden, wird auf der Stammpfad "/" benutzt.

```
1   res.redirect('back');
```

- res.render

Diese Methode rendert (erstellt) eine View und sendet das fertige HTML an den Client. Syntax:

```
res.render(view [, locals] [, callback])
```

Die optionalen Parameter haben folgende Bedeutung:

- locals: Ein Objekt, über das lokale Variablen an Views übergeben werden können

- callback: Eine Rückruffunktion, über die Zugriff auf Fehler-
  informationen oder die gerenderte View als Zeichenkette be-
  stehen. Es erfolgt kein auomatisches Senden der gerenderten
  Daten. Im Fehlerfall wird next() intern aufgerufen, um die
  weitere Verarbeitung sicherzustellen.

Ohne Rückruffunktion wird die gerenderte View direkt an den
Client gesendet.

```
res.render('index');
```

Mit Rückruffunktion wird die gerenderte View zurückgegeben und
muss mittels send gesendet werden.

```
res.render('index', function(err, html) {
  res.send(html);
});
```

Lokale Variable werden als Objekte erwartet:

```
res.render('user', { name: 'Tobi' }, function(err, html) {
  // ...
});
```

- res.send

Diese Methode sendet eine HTTP-Antwort. Syntax:

```
res.send([body])
```

Diese Methode erwartet entweder einen Puffer, eine Zeichenkette,
ein JavaScript-Objekt oder ein Array:

```
1   res.send(new Buffer('whoop'));
2   res.send({ message: 'json' });
3   res.send('<p>Etwas HTML</p>');
4   res.status(404).send('Not found!');
5   res.status(500).send({ error: 'Fehler beim Verarbeiten' });
```

Die send-Methode führt einige interne Vorgänge automatisch aus.
So wird die Länge der Antwort ermittelt und das passende Kopffeld
*Content-Length* erzeugt. Außerdem werden Cache-Informationen
aktualisiert und verwaltet. Wenn der Parameter als Puffer-Objekt
Buffer erkannt wird, wird als MIME-Typ im Kopffeld *Content-Type*
der Wert "application/octet-stream" erzeugt. Dieser Automatismus
kann wie folgt übergangen werden:

```
1   res.set('Content-Type', 'text/html');
2   res.send(new Buffer('<p>Etwas HTML</p>'));
```

Bei HTML wird das Kopffeld *Content-Type* auf "text/html" gesetzt:

```
1   res.send('<p>some html</p>');
```

Ein Array oder ein Objekt wird als JSON interpretiert:

```
1   res.send({ user: 'joerg' });
2   res.send([1,2,3]);
```

- res.sendFile

Diese Funktion senden eine Datei, die vom angegebenen Pfad gela-
den wird. Basierend auf der Datei-Erweiterung wird des Kopffeld
*Content-Type* gesetzt. Beachten Sie, dass dies nicht zwingend zum
Herunterladen der Datei führt, sondern die Antwort ist als reguläre
Antwort zum Browser unterwegs. Syntax:

```
res.sendFile(path [, options] [, fn])
```

Die Optionen werden nachfolgend beschrieben.

| Property | Description |
|---|---|
| maxAge | Setzt die Eigenschaft "max-age" des Kopffelds Cache-Control in ms o<br> |
| root | Das Stammverzeichnis für relative Dateinamen. |
| lastModified | Setzt das Kopffeld "Last-Modified" auf das Datum der letzten Änderu |
| headers | Weitere HTTP-Kopffelder |
| dotfiles | Option füe Dateien, die mit Punkt beginnen: "allow", "deny", "ignore" |

Die Methode benutzt eine Rückruffunktion die aufgerufen wird, wenn der Transfer erfolgt ist. Wenn ein Fehler aufgetreten ist, muss dieser explizit behandelt werden. Dies erfolgt entweder durch direktes Erstellen und Senden der Antwort oder durch explizites Beenden des Vorgangs oder durch Weiterreichen an die nächste Route.

```
1   app.get('/file/:name', function (req, res, next) {
2
3     var options = {
4       root: __dirname + '/public/',
5       dotfiles: 'deny',
6       headers: {
7         'x-timestamp': Date.now(),
8         'x-sent': true
9       }
10    };
11
12    var fileName = req.params.name;
13    res.sendFile(fileName, options, function (err) {
14      if (err) {
15        console.log(err);
16        res.status(err.status).end();
17      }
18      else {
19        console.log('Sent:', fileName);
20      }
21    });
22
23  })
```

`res.sendFile` ermöglicht verschiedene genaue Reaktionen:

```
app.get('/user/:uid/photos/:file', function(req, res){
  var uid = req.params.uid
    , file = req.params.file;

  req.user.mayViewFilesFrom(uid, function(yes){
    if (yes) {
      res.sendFile('/uploads/' + uid + '/' + file);
    } else {
      res.status(403).send('Sorry! you cant see that.');
    }
  });
});
```

- res.sendStatus

Setzt den Status-Code der HTTP-Antwort auf den entsprechenden
Wert. Die passende Zeichenfolge wird dabei automatisch erzeugt.
Syntax:

`res.sendStatus(statusCode)`

```
res.sendStatus(200);
// äquivalent zu res.status(200).send('OK')
res.sendStatus(403);
// äquivalent zu res.status(403).send('Forbidden')
res.sendStatus(404);
// äquivalent zu res.status(404).send('Not Found')
res.sendStatus(500);
// äquivalent zu res.status(500).send('Internal Server Error')
```

Wenn ein Code erzeugt wird, der nach der HTTP-Spezifikation
nicht bekannt ist, wird er dennoch gesendet und die Zeichenfolgen-
darstellung des Codes wird benutzt:

```
1  res.sendStatus(2000); // equivalent to res.status(2000).send('2000')
```

- res.set

Setzt ein Kopffeld in der Antwort auf einen bestimmten Wert. Diese Methode kann auch mit einem Objekt umgehen, um in einem Aufruf mehrere Kopffelder zu erzeugen. Syntax:

```
res.set(field [, value])
```

```
1  res.set('Content-Type', 'text/plain');
2
3  res.set({
4    'Content-Type': 'text/plain',
5    'Content-Length': '123',
6    'ETag': '12345'
7  })
```

Es gibt dazu einen Alias mit dem Namen res.header(field [, value]).

- res.status

Setzt den Status-Code der HTTP-Antwort auf den entsprechenden Wert. Die passende Zeichenfolge wird dabei nicht erzeugt. Syntax:

```
res.status(code)
```

```
1  res.status(403).end();
2  res.status(400).send('Bad Request');
3  res.status(404).sendFile('/absolute/path/to/404.png');
```

- res.type

Setzt das Kopffeld *Content-Type* auf einen MIME-Typ. Intern wird mime.lookup() benutzt, um den Wert zu ermitteln. Es reicht die Angabe einer Kurzschreibweise aus. Wenn der Wert den Schrägstrich "/" enthält, wird der Wert unverändert übernommen. Syntax:

```
res.type(type)
```

```
res.type('.html');                // => 'text/html'
res.type('html');                 // => 'text/html'
res.type('json');                 // => 'application/json'
res.type('application/json');     // => 'application/json'
res.type('png');                  // => image/png:
```

- res.vary

Fügt ein Wert dem Vary Kopffeld hinzu, falls noch nicht vorhanden.
Syntax:

```
res.vary(field)
```

```
res.vary('User-Agent').render('docs');
```

# Die API des Routers

Dieser Abschnitt zeigt die spezifische API des Routers.

## Der Router im Detail

Ein Router-Objekt ist eine isolierte Instanz von Middleware und
Routen. Es ist eine Art Applikation, die Verarbeitungsfunktionen
auf der Anfrage ausführt, Routen erkennt, weiterleitet und Antwor-
ten erstellt. Eine Express-Applikation hat immer einen eingebauten
Router.

Der Router selbst (der Teil der Applikation, der Routen verarbeitet)
ist ein Stück Middleware und kann als Argument in app.use() benutzt werden. Auf der obersten Ebene dient die Funktion Router()
dazu, dass ein neues Router-Objekt zu erzeugen.

## Einen neuen Router erzeugen

Ein neuer Router wird folgendermaßen erzeugt:

```
1   var options = {};
2   var router = express.Router(options);
```

Die Abgabe der Optionen ist selbst optional. Folgende Eigenschaften stehen zur Verfügung:

Tabe

| Property | Description |
| --- | --- |
| caseSensitive | Beachte Groß- und Kleinschreibung, d.h. /Foo und /foo ist nicht dasse |
| mergeParams | Behält req.params-Werte des übergeordneten Routers. Wenn sich Pa |
| strict | Schaltet striktes Routing ein. Standard ist false. Wird das aktiviert, : |

Der Router erlaubt den Zugriff auf die Anfrage wie jede andere Middleware-Komponente, sodass die Verarbeitung frühzeitig und passend zur Aufgabenstellung durchgeführt werden kann. Die betrifft auch die Auswertung der HTTP-Verben (GET, POST, PUT usw.):

```
1   router.use(function(req, res, next) {
2     // Logik des Routers ohne Route
3     next();
4   });
5
6   router.get('/events', function(req, res, next) {
7     // Logik des Routers mit Route '/events'
8   });
```

Es ist sinnvoll, einen Router für die Stamm-URL (root) zu benutzen und die Applikation so in eine Reihe kleinerer Miniapplikationen aufzuteilen. Im folgenden Beispiel werden nur die Routen mit dem Pfad '/calender/*' an den Router mit dem Namen *calRouter* gesendet.

```
1  app.use('/calendar', calRouter);
```

## Methoden

Im folgenden werden die Methoden des Router-Objekts näher beschrieben.

- router.all

Diese Methode funktioniert wie alle Antwortmethoden, nur dass statt auf ein bestimmtes HTTP-Verb auf alle Verben reagiert wird. Damit lässt sich sehr einfach eine Art allgemeiner Logik aufbauen, die universelle Anfragen annimmt und verarbeitet. Allgemeine Aufgaben sind:

- Authentifizierung
- Autorisierung
- Caching
- Logging
- Sitzungsverarbeitung

Beachten Sie, dass hierfür in umfangreicheren Applikationen auch Middleware-Funktionen genutzt werden können. In jedem Fall kann die Verarbeitung mit next() fortgesetzt werden, sodass die Aktion nicht zwingend eine Ausgabe erzeugen muss. Das folgende Beispiel löst zwei Aktionen aus:

```
1  router.all('*', requireAuthentication, loadUser);
```

Alternativ kann die Vereinbarung auch nacheinander erfolgen:

```
1  router.all('*', requireAuthentication)
2  router.all('*', loadUser);
```

Das nächste Beispiel beschränkt den universellen Zugriff auf Pfade, die mit *api* beginnen:

```
1  router.all('/api/*', requireAuthentication);
```

## Weitere Methoden

Die Methoden router.METHOD() reagieren jeweils auf ein konkretes HTTP-Verb. Dabei ist der Name für den Platzhalter *METHOD* jeweils die kleingeschriebene Version des Verbs. GET wird also mit get verarbeitet, POST mit post usw.

Erneut lässt sich der Pfad beschränken (erstes Argument) und es lassen sich mehrere Rückruffunktionen angeben.

```
1  router.get('/', function(req, res){
2    res.send('hello world');
3  });
```

Um Anfragen der Art GET /commits/71dbb9c ebenso wie GET /commits/71dbb9c..4c084f9 auszuführen, ist folgender regulärer Ausdruck als Pfad geeignet:

```
1  router.get(/^\/commits\/(\w+)(?:\.\.(\w+))?$/,
2          function(req, res){
3              var from = req.params[0];
4              var to = req.params[1] || 'HEAD';
5              res.send('commit range ' + from + '..' + to);
6          });
```

- router.param

Mit dieser Methode lassen sich Parameter prüfen. Es wird der Name des Parameters und eine Rückruffunktion angegeben. Die Funktion verlangt vier Argumente: Request, Response, Next und der Wert des Parameters.

Das folgende Beispiel zeigt den Zugriff auf den Parameter *user:*. Dessen Wert wird in *id* übergeben.

```
router.param('user', function(req, res, next, id) {

  // User ist ein Pseudoobjekt, dass passende Daten enthält
  User.find(id, function(err, user) {
    if (err) {
      next(err);
    } else if (user) {
      req.user = user;
      next();
    } else {
      next(new Error('Nicht gefunden'));
    }
  });
});
```

Die Rückruffunktion ist lokal zum Router, für den sie definiert wurde. Rückruffunktionen werden nicht in angeschlossenen Apps oder Routern (Sub-Apps, Sub-Router) weitergereicht. Sie werden außerdem nur einmal innerhalb eines Zyklus aufgerufen, auch wenn die Route mehrfach passt.

```
1   router.param('id', function (req, res, next, id) {
2     console.log('Nur ein Aufruf, auch wenn /:id folgt');
3     next();
4   })
5
6   router.get('/user/:id', function (req, res, next) {
7     console.log('Erste Route');
8     next();
9   });
10
11  router.get('/user/:id', function (req, res) {
12    console.log('Zweite Route');
13    res.end();
14  });
```

- router.route(path)

Diese Methode gibt eine Instanz einer Route zurück. Dies kann benutzt werden, um für bestimmte HTTP-Verben zusätzliche Middleware-Aktionen auszuführen. Dies lässt sich zwar auch durch erneute Angabe der Route erreichen, allerdings müssen Sie dann die Route auch mehrfach schreiben und damit ergeben sich Fehlermöglichkeiten durch Tippfehler.

```
1   var router = express.Router();
2
3   router.param('user_id', function(req, res, next, id) {
4     // Muster, hier folgt ein Datenbankaufruf o.ä.
5     req.user = {
6       id: id,
7       name: 'TJ'
8     };
9     next();
10  });
11
12  router.route('/users/:user_id')
13      .all(function(req, res, next) {
14        // Alle Verben
15        next();
16      })
```

```
17    .get(function(req, res, next) {
18      res.json(req.user);
19    })
20    .put(function(req, res, next) {
21      // Beispiel
22      req.user.name = req.params.name;
23      // Speichern folgt hier (nicht gezeigt)
24      res.json(req.user);
25    })
26    .post(function(req, res, next) {
27      next(new Error('nicht implementiert'));
28    })
29    .delete(function(req, res, next) {
30      next(new Error('nicht implementiert'));
31    });
```

Der Pfad */users/:user_id* der Route wird hier mehrfach verwendet
für verschiedene HTTP-Verben.

- router.use

Diese Methode vereinbart eine Middleware-Funktion. Optional kann
ein Pfad angegeben werden. Ohne Angabe des Pfades wird der
Stammpfad "/" benutzt. Das ist vergleichbar mit app.use(), die
Benutzung ist identisch.

```
1   var express = require('express');
2   var app = express();
3   var router = express.Router();
4
5   // Einfacher Logger: Alle Anfragen gehen zuerst durch diese Methode
6   router.use(function(req, res, next) {
7     console.log('%s %s %s', req.method, req.url, req.path);
8     next();
9   });
10
11  // Nur für Pfade, die mit /bar beginnen
12  router.use('/bar', function(req, res, next) {
13    // ... Middleware-Funktion vor der Verarbeitung
```

```
14    next();
15    });
16
17    // Wird immer aufgerufen
18    router.use(function(req, res, next) {
19      res.send('Hello World');
20    });
21
22    app.use('/foo', router);
23
24    app.listen(3000);
```

Der eigentliche Pfad ist nicht von Bedeutung und für die Middleware-Funktion nicht sichtbar. Die Idee dahinter ist im Wesentlichen, dass Funktionen unabhängig vom Pfad ausgeführt werden können.

Die Ausführung der Funktionen wird durch die Reihenfolge der Definition bestimmt. Es wird eine Funktion nach der anderen ausgeführt – also sequenziell.

```
1    var logger = require('morgan');
2
3    router.use(logger());
4    router.use(express.static(__dirname + '/public'));
5    router.use(function(req, res){
6      res.send('Hello');
7    });
```

Nehmen Sie an, Sie wollten das Protokollieren für statische Dateien verhindern. Weitere Schritte der Middleware sollen für diese Dateien dennoch ausgeführt werden. Dazu verschieben Sie die Definition für statische Dateien (express.static) einfach vor die Vereinbarung der Middleware-Funktion:

```
1  router.use(express.static(__dirname + '/public'));
2  router.use(logger());
3  router.use(function(req, res){
4    res.send('Hello');
5  });
```

Ebenso lässt sich durch die Reihenfolge bestimmen, in welchen
Ordnern zuerst gesucht wird. Im folgende Beispiel wird zuerst der
Ordner *public* durchsucht. Wird er Router fündig, ist die Anfrage
bearbeitet. Findet der Router nichts, sucht er im nächsten Ordner.
Auch hier ist die Reihenfolge in der Skriptdatei bestimmend.

```
1  app.use(express.static(__dirname + '/public'));
2  app.use(express.static(__dirname + '/files'));
3  app.use(express.static(__dirname + '/uploads'));
```

Die Methode `router.use()` unterstützt außerdem benannte Parameter (*name:* usw.), sodass nachfolgende Schritte auf diese Daten
zugreifen können.

# Weitere Bibliotheken

Mit einigen weiteren Bibliotheken kann der Funktionsumfang des
Express-Routers clever erweitert werden. Dazu gehören:

- Namespace-basiertes Routing
- Ressourcen-basiertes Routing

## Namespace-basiertes Routing

Um den Sinn von Namespaces (Namensräumen) zu verstehen, soll
zuerst ein typisches Beispiel einer Reihe von Routen gezeigt werden:

```
1   app.get('/articles/', function(req, res) { ... });
2   app.get('/articles/new', function(req, res) { ... });
3   app.get('/articles/edit/:id', function(req, res) { ... });
4   app.get('/articles/delete/:id', function(req, res) { ... });
5   app.get('/articles/2013', function(req, res) { ... });
6   app.get('/articles/2013/jan/', function(req, res) { ... });
7   app.get('/articles/2013/jan/nodejs', function(req, res) { ... });
```

Mit zunehmender Anzahl Routen und den jeweils zugehörenden Pfadsegmenten wird schnell klar, dass der Aufwand immens ist. Vor allem aber ist auffällig, dass viele Pfadbestandteile identisch sind. Teile der Pfade werden endlos wiederholt, wie im Beispiel der Name *articles*.

Nun wäre es sinnvoll, eine Art Basispfad zu definieren und dann nur die dazu relativen Bestandteile aufzulisten. Dazu dienen Namespaces. Es handelt sich also lediglich um eine Vereinfachung oder Verkürzung der Schreibweise von Routen. Weniger schreiben heißt natürlich auch immer weniger Fehler.

Express hat dafür einen eingebauten Weg, allerdings steht ein Zusatzmodul zur Verfügung, dass dies besser erledigt. Installieren können Sie es über den Node Package Manager **npm** wie folgt:

$ npm install express-namespace

Nun muss die Datei *app.js* angepasst werden, damit die Routen den Namespace nutzen können:

Listing: app.js

```
1   var http = require('http');
2   var express = require('express');
3
4   // express-namespace muss geladen werden, bevor die App instanziiert\
5    wird
6   var namespace = require('express-namespace');
7   var app = express();
8
9   app.use(app.router);
10
```

```
11   // Definition des Namespace
12   app.namespace('/articles', function() {
13
14     app.get('/', function(req, res) {
15       res.send('index of articles');
16     });
17
18     app.post('/new', function(req, res) {
19       res.send('new article');
20     });
21
22     app.put('/edit/:id', function(req, res) {
23       res.send('edit article ' + req.params.id);
24     });
25
26     app.delete('/delete/:id', function(req, res) {
27       res.send('delete article ' + req.params.id);
28     });
29
30     app.get('/2013', function(req, res) {
31       res.send('articles from 2013');
32     });
33
34     // Verschachtelter Namespace
35     app.namespace('/2013/jan', function() {
36
37       app.get('/', function(req, res) {
38         res.send('articles from jan 2013');
39       });
40
41       app.get('/nodejs', function(req, res) {
42         res.send('articles about Node from jan 2013');
43       });
44     });
45
46   });
47
48   http.createServer(app).listen(3000, function() {
49     console.log('App started');
50   });
```

Nach dem Laden der Applikation stehen folgende Routen zur Verfügung:

- http://localhost:3000/articles/
- http://localhost:3000/articles/edit/4
- http://localhost:3000/articles/delete/4
- http://localhost:3000/articles/2013
- http://localhost:3000/articles/2013/jan
- http://localhost:3000/articles/2013/jan/nodejs

Namespaces unterstützen – wie alle Routen – sowohl Platzhalter in Zeichenketten als auch reguläre Ausdrücke in der Literal-Schreibweise.

## Ressourcenspezifisches Routing

Es gibt eine weitere Vorgehensweise für das Routing, die mehr objektorientiert arbeitet. Die Idee basiert auf der Überlegung, Objekte bereit zu stellen, die Aktionen enthalten. Die Routen führen dann zu diesen Aktionen. Sie erstellen also keine Pfade mehr, sondern definieren Objekte. Diese Objekte werden als Ressourcen betrachtet.

Es ist sinnvoll, diese Objekte als Modelle der Domäne zu erstellen. Mit Domäne ist hier die fachliche Domäne gemeint – also der Bezug zum Anwender. Ressourcen sind in diesem Sinne Dinge wie Benutzer, Bilder, Artikel, Bücher oder auch Forenbeiträge. Meist handelt es sich im die Abbildung der Datenquelle. Beim ressorcenbasierten Routing werden HTTP-Verben mit Pfadmustern kombiniert.

Die folgende Tabelle zeigt, welche Verben für welche Aktionen geeignet sind:

Tabelle: Ressourcebasiertes Routing

| HTTP-Verb | Pfad | Modul-Methode | Beschreibung |
|-----------|------|---------------|--------------|
| GET | /users | index | Benutzer auflisten |
| GET | /users/new | new | Formular zum Anlegen eines neue |
| POST | /users | create | Die Formulardaten verarbeiten |
| GET | /users/:id | show | Zeige Benutzer mit der ID :id |
| GET | /users/:id/edit | edit | Zeige Bearbeitungsformular für B |
| PUT | /users/:id | update | Verarbeite die Änderungen am Be |
| DELETE | /users/:id | destroy | Lösche den Benutzer mit der ID :i |

Diese implizite Verknüpfung zwischen Verben und Routen und den Aktionen ist nicht Standard der Express-Umgebung. Erforderlich ist das Zusatzmodul *express-resource*. Installieren Sie dieses mit Hilfe des Node Package Managers **npm** wie folgt:

```
$ npm install express-resource
```

Nun wird ein Modul erstellt, dass die Routen behandeln kann. Folgt man dem *user*-Beispiel, eignet sich die Unterbringung in einer Datei *users.js* (der Ordnung halber, der Name ist nicht relevant). Die Implementierung sieht dann folgendermaßen aus:

```
exports.index = function(req, res) {
  res.send('index of users');
};

exports.new = function(req, res) {
  res.send('form for new user');
};

exports.create = function(req, res) {
  res.send('handle form for new user');
};

exports.show = function(req, res) {
  res.send('show user ' + req.params.user);
};

```

```
17   exports.edit = function(req, res) {
18     res.send('form to edit user ' + req.params.user);
19   };
20
21   exports.update = function(req, res) {
22     res.send('handle form to edit user ' + req.params.user);
23   };
24
25   exports.destroy = function(req, res) {
26     res.send('delete user ' + req.params.user);
27   };
```

In der bekannten *app.js* wird dann noch die Benutzung des Moduls vereinbart:

```
1    var http = require('http');
2    var express = require('express');
3    // express-resource muss VOR der app-Instanz geladen werden
4    var resource = require('express-resource');
5
6    var app = express();
7
8    app.use(app.router);
9
10   // Laden der Aktions-Datei
11   app.resource('users', require('./users.js'));
12
13   http.createServer(app).listen(3000, function() {
14     console.log('App gestartet');
15   });
```

Nach dem Start stehen die Aktionen unter folgenden Routen zur Verfügung:

- http://localhost:3000/users
- http://localhost:3000/users/new
- http://localhost:3000/users/5
- http://localhost:3000/users/5/edit

Um die POST-, PUT- oder DELETE-Aktion zu nutzen, verwenden Sie entweder ein Werkzeug wie Fiddler oder Curl, mit denen sich Anfragen manuell zusammenbauen lassen. Oder Sie programmieren gleich die passenden Abfragen im Browser mittels AJAX-Bibliotheken, wie jQuery oder AngularJS.

Gegenüber der bisher gezeigten Version sparen Sie sich das explizite Angeben der Routen und damit einiges an Arbeit und Fehlerquellen.